纂圖互註禮記第一

曲禮上第一 ○陸德明音義曰本或作曲禮上者後人加也檀弓雜記放此曲禮者是儀禮之舊名委曲說禮之事

禮記 ○陸曰此記二禮之遺闕故名禮記

鄭氏註

曲禮曰毋不敬 禮主於敬○陸曰〔毋〕音無說文云止之詞其字從女內有一畫象有姦之形禁止之勿令姦古人云毋猶今人言莫也案毋字與父母字不同俗本多亂讀者皆朱點毋字以作無音非也後放此疑者特復音之○〔重意〕毋不敬〔哀公問〕君子無不敬也 儼若思 儼矜莊貌人之坐思貌必儼然○嚴魚撿反本亦作〔儼〕同矜莊貌〔思〕如字徐息嗣反〔矜〕居[illegible]氷[illegible]定辭 審言語也易曰言語者君子之樞機○〔樞〕昌朱反 安民哉 此上三句可以安民說曲禮者[illegible]之[illegible]敖不可長欲不可從志不可滿樂不可極 四者慢游[illegible]紂所以自禍○〔敖〕五報反慢也王肅五高反遨遊也〔長〕丁[illegible]盈植馬融王肅並直良反欲如字一音喻從足用反放縱也[illegible]皇侃音岳〔極〕如字皇紀力反〔桀〕其列反[illegible]王名癸〔紂〕直丑反殷之末主名辛○賢者狎而敬之 [illegible]近也謂附而近之習其所行也月令曰雖有貴戚近習○〔狎〕[illegible]甲反〔近〕附近之近下注內不出者皆同〔戚〕音戚本亦作

監修者──佐藤次高／木村靖二／岸本美緒

［カバー表写真］
天壇祈年殿、北京

［カバー裏写真］
西周時代の鼎
（故宮博物院蔵、台湾）

［扉写真］
『纂図互註礼記』（宋版）巻頭
（静嘉堂文庫蔵）

世界史リブレット68

東アジアの儒教と礼

Kojima Tsuyoshi
小島　毅

目次

「礼」ということば

「起立！　礼！　着席！」

これは授業開始時に繰り返される、日直もしくは学級委員の号令。

「先日お世話になった御礼でございます」

これは宅配便にそえられた手紙の文面。

「あ、失礼」

そして、これは満員電車のなかで隣の人の足を踏んでしまったときの挨拶。

これらの日常会話で使われる「礼」ということば。これはいったいなんだろう。「失礼」、つまり「礼を失う」とは、なにをなくしたということなのだろう。

わたしたち日本語人にとって当たり前になっている「礼」ということばは、

かつて人間社会の文明的な秩序を支える、極めて重要な概念として機能していた。いや、「社会」とか「文明」とかいう漢語が、society や civilization の翻訳語として機能するようになる前は、「礼」ということばそのものが「文明社会」を表現していた。「礼」があるかないかが文明と野蛮を分けると考えられていたのである。そうした言説を確立させた思想体系が、二〇〇〇年以上前の中国に生まれた儒教であった。本書は「東アジアの儒教と礼」と題して、その歴史的経緯を概観していく。

「礼」という漢字の楷書による正式な字体は「禮」である。今も漢和辞典の字形の説明にかならず引合いに出される、漢代の学者許慎《きょしん》の『説文解字《せつもんかいじ》』では、「禮」について、「『示』に従い、『豊』に従う。『豊』はまた声でもある」とする。許慎は漢字の成立ちを四種類に分けた。象形・指事・会意・形声である。「禮」は「示」と「豊」の会意文字であるとともに、「示」が意味をあらわす部首で「豊」が音符の形声文字でもあるというのだ。

「禮」は漢音でレイ、呉音でライと読む。それはもともと「豊」という字の音であった。「豐」はふつう「豊」と書かれ、「禮」の右側もこの字形をとって

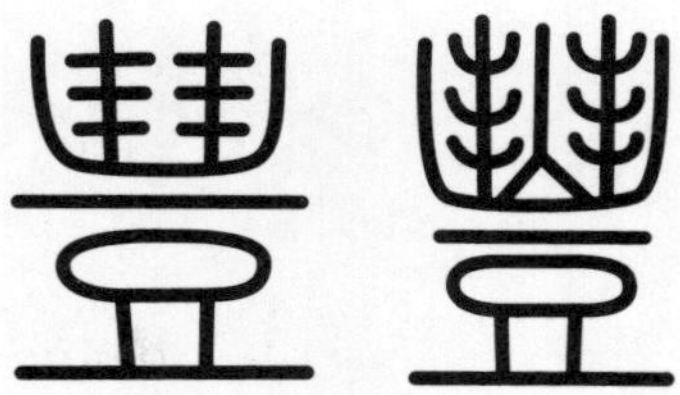

いるが、「ホウ・ゆたか」と読む字とは別である。もともとホウ（正式な漢音ではフウ）の字は「豐」と書かれていたのが、後世簡略化して「豊」となり、「豊」と通用するようになったものである。上欄に小篆《しょうてん》による字体を並べて掲げたので見比べてほしい。上部中央の仕切の有無で微妙に異なることがおわかりいただけるだろうか。ただ、どちらも祭祀に用いる器の象形文字で、日本語の訓では「たかつき」と読む。以下、「豊」と表記するのはすべてレイのほうの字を指す。

「示」という字も祭器を象《かたど》っているので、許慎がいっているのは、この字がつぎの二様の成立経緯をもつということである。

(1)「禮」は「示」と「豊」という二つの象形文字を合体させて、祭祀の行為をあらわす会意文字としてつくられた。

(2)「しめすへん」で祭祀関係の字であることを意味し、音符として「豊」の字を借りてきた形声文字である。

ただ、これは西暦二世紀の学者の私見であって、それより一〇〇〇年以上前にこの字がつくられたときにどうだったのか、現在でも文字学者のあいだで議論が続いている。「豊」は祭器、もしくはそこに盛られた供物だというのが多数派のようだが、一説には「豊」の字は本来「醴《れい》（＝あまざけ）」を意味し、酒を使って儀礼するので儀礼全般を指す字にも「豊」が使われ、のちに意味を区別するために「酉」と「示」をそれぞれ左側に付すようになったという。

いずれにしても、祭祀に関係するという点では共通するので、これ以上の穿《せん》鑿《さく》はしないでおく。なお、「禮」は古くから画数を省略して「礼」という字体で表記されることもあった。ひらがなの「れ」、カタカナの「レ」、そして現行の常用漢字「礼」はいずれもこれにもとづいており、現在中国大陸で使われる簡体字も「礼」である。

①―儒教の成立

儒教の登場

祭器にちなんで使用が始まった礼という語は、やがて儀礼全般を指す役割を担うようになっていく。つまり、礼の概念化が生じる。

すでにかなり早い段階から、儀式そのものを礼と呼ぶようになっていた。神への祭祀にとどまらず、しだいに人間関係にも用いられるようになる。「禮」と同じく「豊」を音符にもつ字である「體(＝体)」との連想から、礼がからだを使う実践行為であるとする解説が古くから存在する。ここで問題になっているのは行為の次元であり、たんにかたちどおりの儀式の執行のことしか考えられていなかった。

礼という行為になんらかの意味を見出そうとする思索が始まるとともに、外在的な礼によって示されるものとして、内面の敬《けい》ということが問題になる。礼の目的は敬意の表現だとする議論である。逆にいえば、従来は礼のつつがなき執行をもって「敬」としてきたのにたいして、それだけでは本当の敬意にはならないとする考え方である。礼がかたちそのものではなく、敬意の表現として抽象的な考察対象になっていく。

こうして儒家《じゅか》が登場する。『論語《ろんご》』▲に伝えられている孔子《こうし》(一〇頁参照)のものとされる発言、「君子儒《くんしじゅ》となれ、小人儒《しょうじんじゅ》となるな」は、空虚な形式主義への批判からでてきたものだろう。同じく、「礼というのは玉《ぎょく》や帛《はく》といったお供え物のことではない」も、その奥にある人間の内面性に注意を喚起している。たんに儀式や作法の正しいやり方ではなく、そうした正しいやり方がなぜ必要なのかという、人間社会そのものへのまなざしが、儒家思想における礼の概念化として進んでいく。

儒家の教説の基盤にあるのは、「聖人堯《ぎょう》▲や舜《しゅん》▲が王としておさめた時代、および夏《か》▲・殷《いん》▲・周《しゅう》▲三代の王朝の盛期には、王たちが定めた礼の規則にもとづいて完璧な政治社会秩序が実現していた。今の世がかくも乱れているのは、その礼の実践がなされていないからである。われわれの務めは、いにしえの正しい礼制を復活させることにある」という使命感であった。これは、十九世紀末にまでいたる、儒者たちのかたい信念であった。

▼**『論語』**　孔子の言行録を中心として編纂された儒教の古典。冒頭の語をとって名づけられた二〇の篇で構成される。ただし、実際には孔子よりのちの時代になってから、孔子に仮託した作文が多い。君子儒・小人儒という語は雍也篇、玉帛の語は陽貨篇にみえる。

▼**堯・舜**　太古の伝説上の帝王。儒教によって理想的な君主として造形された。堯は賢者の舜を娘婿にむかえて王位を譲ったとされる。これが禅譲である。

▼**夏・殷・周**　いずれも古代の王朝。ただし、夏については実在を疑う学者もいる。儒者たちによって理想的な黄金時代として語り継がれ、たんに「三代」といえばこの三つの王朝を指していた。

一般に儒教の開祖は孔子とされている。しかし、これは厳密にいうと正しくない。実在の孔子がしたこととして歴史的事実に認定できるのは、政治的に意をえずに諸国を放浪したこと、その放浪中および帰国後に多数の弟子を育てたこと、その教育は詩書礼楽《ししょれいがく》を中心にしたものだったこと、孝《こう》を強調したこと、仁《じん》を人の道として説いたらしいこと、以上にすぎない。孔子の発言として記録されている史料のどこまでが、その実像を伝えているのかすら定かでない。孔子という人物をどう造形するかは、つねに儒教史の大きな問題点であった。

近代になって、ギリシア哲学やプロテスタント主義聖書解釈学との比較の相のもとに、ソクラテスやイエス、さらにはゴータマと同質の存在として孔子がとらえなおされると、『論語』の孔子を本来の姿とし、ほかの書籍に登場する逸話・語録の多くは信憑性《しんぴょうせい》のないものとして斥ける風潮が強くなった。だが、この区別も文献学的に根拠のあることではなく、プロテスタントの聖書中心主義やそれに影響された初期仏典再評価の風潮に合わせたものにすぎない。六頁で慎重に「孔子のものとされる」といったのもそういう意味である。『論語』に記載された「子曰《しいわ》く」のうちどこまでが彼自身のことばを伝えたものか、じ

▼詩書礼楽　孔子が自分の門人たちに教えたとされる教科。詩は歌謡、書は歴史文書、礼は儀式の所作、楽は音楽の演奏であった。その後、それらの教材が文字化されたものが儒教の経書となっていく。

▼孝　『論語』において孔子が頻繁に説いた道徳。祖先への奉仕が原義と思われるが、孔子は親にたいする心情に重きをおいた。親の生前だけでなく死後の供養も重視され、祖先祭祀の理論における中心的な徳目となる。

▼仁　対人関係における思いやりの心。孔子によって孝と並ぶ重要な徳目になった。孔子没後の儒家思想展開のなかで意味範囲が拡大し、あらゆる徳目を束ねるものとして宇宙論的な拡がりをもつようになる。

▼ゴータマ　仏教の開祖で、いわゆるお釈迦さまのこと。もとはシャカ族シッダールタ家の王子だとされる。通常の苦行とは違うかたちでの悟りを開き、ブッダ(仏陀、「覚者」という意味)と呼ばれた。

つは定かではない。孔子のイメージは彼の弟子たち、その弟子たち、さらにまたその弟子たちによって、かぎりなく増幅されていった。ときには、荘子《そうし》▲のように彼を批判する思想家によっても、後世向けの孔子の虚像が造形されていく。ただ、少なくともいえることは、儒家思想を特質づけるのは「礼」の重視だったということだ。

それは、道家《どうか》▲や墨家《ぼくか》▲・法家《ほうか》▲といった諸子百家《しょしひゃっか》の他の流派からの儒家批判（孔子への揶揄《やゆ》）が、ことごとく礼をめぐってなされていることからわかる。実力がものをいう戦国時代において、儒者は迂遠《うえん》な説教をたれる連中として、権力者たちからはあまり好まれなかった。『孟子《もうし》』のなかの、孟子（一〇頁参照）と斉《せい》▲や梁《りょう》▲（魏《ぎ》▲）の王との対話に、両者の関心点のすれ違いが如実に示されている。

孟子が説く礼の復興に耳をかたむけたのは、大国間の抗争にはさまって危急存亡のときをむかえていた滕《とう》の文公《ぶんこう》のような、小国の君主にすぎなかった。しかも、彼が孟子に教えられて導入しようとした三年の喪《も》の制度は、家臣たちの猛反発を買っている。「そんな話は聞いたこともありません」と。儒家の礼論の骨格をなす喪礼《そうれい》でさえ、じつは当時の常識を逸脱した奇異なものだったのだ。

▼荘子（紀元前四世紀）　戦国時代の思想家で、本名は荘周。たくみな比喩や鋭い論弁によって名を馳せた。『荘子』は大部分が荘周の死後に書かれた書物だが、多くの逸話に孔子が登場し、孔子の影響力の大きさを示している。

▼道家　「道」を宇宙の根本概念として重視し、それに随従する処世術を説いた流派。戦国時代の多様な教説が統合されていき、老子・列子・荘子という系譜が成立する。道教の母体の一つであり、儒教と並んで東アジア全体に拡がっていく。

▼墨家　戦国時代の思想家墨翟《てき》（前四九〇頃〜前四〇三）が開いた流派。兼愛・節葬・非攻を説き、血縁や名分を重視する儒家に対抗した。強固な教団組織をもち、弱小諸侯の傭兵のような役割もはたした。

▼法家　国家統治のために「法」を重視する流派。まとまった学派集団が実在したわけではなく、似た傾向の思想家を漢代になってから束ねた呼称。礼を重視する儒家とは対立したとされるが、じつは荀子の思想

「自分たちの教えは昔の制度の再現である」とする儒家の主張が、彼らの内輪でしか通用しない歴史的虚構であったことは、この一例からもうかがえる。

孟子以上に礼の重要性を熱く語ったのが荀子《じゅんし》(次頁参照)であった。彼は礼を先王《せんのう》＝聖人の創作とみなすことで時宜に合わせた礼制の改変に道を開き、新しい国家秩序をもたらしてくれる王の出現に期待した。実際に登場した統一国家の君主は、彼の弟子李斯《りし》▲を宰相にしていたが、彼ら主従が構築した帝国は儒家とはまったく別個の法家の理念にもとづいていた。

つまり、儒者たちが熱意をこめて説いてまわった礼なるものは、秦の始皇帝《しこうてい》(一一頁参照)による統一の時点で、かなりの部分が机上の産物にすぎなかったということである。中国の歴史のうえで、儒家がいうような礼制の現実化に乗り出し、以後二〇〇〇年におよぶ社会規範の基礎を定めたのは、漢《かん》▲王朝であった。

礼義の国

漢代の正史である『漢書《かんじょ》』▲高帝紀《こうていき》には、つぎのような記述がある。項羽《こうう》と劉《りゅう》

傾向と近い。

▼斉・梁　どちらも孟子が遊説した戦国時代の諸侯。梁は『史記』などでは魏と呼ばれる。孟子のころは強国であったが、法家思想を採用して勃興した秦に亡ぼされる。

▼李斯(?～前二〇八)　秦の宰相。法のシステムによる合理的な政治秩序構築を説き、始皇帝を助けて天下統一に貢献したが、始皇帝没後の宮廷闘争に敗れて処刑された。

▼漢(前二〇六～後二二〇年)　劉邦が創設した王朝。途中、王莽の簒奪による中断をはさんで前漢と後漢に分かれ、四〇〇年以上続く。現在でも「漢民族」などという言い方が示しているように、中国そのものを意味する重要な王朝である。

▼『漢書』　前漢時代のことを記録した歴史書。班固の著。司馬遷の『史記』の体裁をまねつつ、独自の工夫も凝らされている。

●——孔子（前五五二〜前四七九）　儒教の開祖として聖人と崇められる人物。本名は孔丘。春秋時代、諸侯の一つであった魯の国の出身。ただし、本文で述べるように、その伝記は歴史的事実というよりも英雄伝説である。

●——孟子（前三七二〜前二八九、または前三九〇〜前三〇五）　戦国時代の儒者で本名は孟軻（か）。仁義にもとづく統治の重要性を諸侯に説き、その基礎として性善説という人間観を確立した。政治的に速効性のある教説ではなかったが、儒家思想を理論化した。その言行録が『孟子』である。

●——荀子（前二九八〜前二三八以後）　戦国時代の儒者で本名は荀況。また、荀卿・孫卿とも呼ばれる。礼の有効性を先王の制度として理論化した。人間の後天的育成を強調して性悪説を提唱。その門下からは、法家とされる韓非や李斯が輩出している。

始皇帝（在位前二四七～前二一〇）　秦の王にして中国史上最初の「皇帝」。東方の六国を軍事的に撃破して前二二一年に皇帝を称し、中央集権的な王朝体制を樹立した。その一環として思想を弾圧・統制したために儒教から悪評をこうむり、暴君の典型として語り継がれる。この絵は後世描かれた想像図で、儒教経学の礼制による皇帝の衣冠を身につけている。

項羽（前二三二～前二〇二）　楚の貴族の出身。秦にたいして武装蜂起し、「西楚覇王」として群雄たちの総帥と目されるにいたる。劉邦と不和になって抗争を続け、敗死する。

劉邦（高祖、在位前二〇六～前一九五）　楚の庶民の出身。秦との戦いで頭角をあらわし、漢王になる。項羽を破って天下統一を成しとげ「皇帝」位に即く。漢の初代ということで、没後は「高祖」と呼ばれる。

▼**楚・魯**　楚は春秋戦国時代以来の南方の強国で、項羽が自分の領地としていた。魯は元来は楚の領土ではないが、項羽の領地に含まれていた。

▼**班固**（三二～九二）　後漢の儒者・歴史家。父の班彪の代から歴史編纂を企て、班固没後に妹の班昭（曹大家）が『漢書』を完成させる。弟は西方遠征にさいして「虎穴に入らずんば虎子を得ず」といったことで有名な班超。

▼**『史記』**　中国で最初の本格的な通史。帝王の伝記と政治的事件を紹介する「本紀」と、多様な人物の伝記集である「列伝」からなる「紀伝体」と呼ばれるスタイルを構築し、東アジアにおける歴史書の模範となった。

邦《ほう》（前頁参照）の天下争奪戦に決着がつき、楚《そ》▲の地はことごとく劉邦（すなわち漢の高祖《こうそ》）の軍門にくだった。ところが唯一、魯《ろ》▲だけが降参しない。いかった高祖は全軍勢をあげての総攻撃で皆殺しにしようとする。だが、項羽の首級を魯の長老たちに見せたところ、彼らは無血開城に同意した。彼らが項羽に忠節をつくしたわけ、それは魯が「節《せつ》を守り礼義《れいぎ》の国たる」からであったと、『漢書』は解説する。孔子を生んだ土地ならではということなのだろう。

その漢王朝自身が、今度は外国から「礼義の国」と呼ばれている。北方遊牧民族の匈奴《きょうど》にたいして漢が背信行為をしたことについて、匈奴の王が漢の使者を詰問《きつもん》するくだりに、「漢は礼義の国なのに」という表現がでてくる（『漢書』匈奴伝）。

どちらも実話ととる必要はない。もちろん、実際にそうだったのかもしれないが、ここではそれが問題なのではない。ここでこだわりたいのは、『漢書』という史書に「礼義国」ということばがみえることの意味である。

『漢書』は後漢《ごかん》の初めに、班固《はんご》▲が編纂した史書であった。前漢の歴史を調べるには、司馬遷《しばせん》（一五頁参照）の『史記《しき》』▲と並ぶ必読書である。ところが、この両著、いろいろと異なるところをもっている。それは司馬遷とは違って、班固が漢王朝を儒教国家として描くことを編集方針としたためである。儒教が理想とする周の衰退、その極致としての秦帝国の成立によって地を掃《はら》った儒教の理想が、漢王朝によっていかに回復され、後漢光武帝《こうぶてい》の治世に黄金時代にいたったか、班固が後世に伝えようとしたのは、そういう筋書だった。

楚の項羽が敗れたとき、魯だけが最後まで忠節をつくした。なぜか。「礼義の国」だったからである。彼らは項羽の死を自分たちの目で確認したうえではじめて、新しい王として高祖を受け入れた。戦国時代の乱世、秦の暴政をへても、この土地にだけ周代盛時の礼義が残っていた。その功績者はもちろん孔子であった。

そして、その孔子の教えをもとにした国造りが進められ、匈奴のような外国にまで漢が礼義を重んずるという情報が届いていた。そうした評判への背信行為は、自らの首を絞めることになると、班固は批判的口調でさきの逸話を記録している。彼にとって漢の正統性は礼義国たるところにあったのだから。

これも有名な逸話としてしばしば引かれるものだが、高祖が皇帝として即位

▼**周**（前一〇五〇頃〜前二五六年）　武王が殷を亡ぼして樹立した王朝。一族や功臣、協力した諸部族の長たちを各地に派遣し、世襲的におさめさせる封建制によって統治した。やがてそれら諸侯や異民族が強大化して衰える。

▼**秦**（前二二一〜前二〇七年）　周の西方にあった部族が、正式に諸侯となって頭角をあらわし、やがて始皇帝のときに中国全土を統一。中央から各地に知事を派遣し、皇帝自身の命令でおさめさせる郡県制を敷いた。

▼**光武帝**（在位二五〜五七）　前漢王室の分家の一員。本名は劉秀。王莽簒奪後の混乱に乗じ、漢の復興を掲げて挙兵、群雄を破って皇帝に即位する。王莽の儒教路線を継承し、後漢礼教国家の基礎をかためた。

したばかりの宮廷では、乱暴狼藉《ろうぜき》が絶えなかった。もともと高祖本人も含めて、社会秩序のはみだし者たちがにわかに大臣・将軍になったのだから、無理もない。さすがの高祖もそれを憂慮していた。そこにあらわれた一人の儒者がいう。「儒者は天下をとるための戦には無能かもしれませんが、天下をおさめるにはお役に立てますよ」と。彼は門人たちとともに朝会《ちょうかい》儀礼の式次第を定め、これを実行した。その威容を見て感激した高祖は「わしは今日はじめて皇帝たることの尊さを実感したわい」と叫んだという。戦闘と知謀によって天下をとった高祖も、そうしてえた皇帝の位のありがたさを実感するには礼の制度が必要だったということだ。

この儒者の名を叔孫通《しゅくそんとう》▲という。班固は「叔孫通伝」のなかでこの逸話を披露している。もちろん、そのとき本当に高祖がそのような感想をもらしたかどうかは定かでない。しかし、それはどうでもよいことなのだ。現実の高祖が朝会儀礼を見てどう思ったかはともかく、儒教信奉者班固としては、高祖にあのようにいってもらわなければならなかったのである。

▼**叔孫通**（前三世紀）　秦に仕えていた儒者。漢の高祖の宮廷に仕え、秦を継承しつつ新しい礼制を考案した。思想家として著述を残していないためあまり評価されていないが、儒教成立史上重要な功績をあげた人物である。

●――**老子をたずねる孔子**（漢代の画像石）

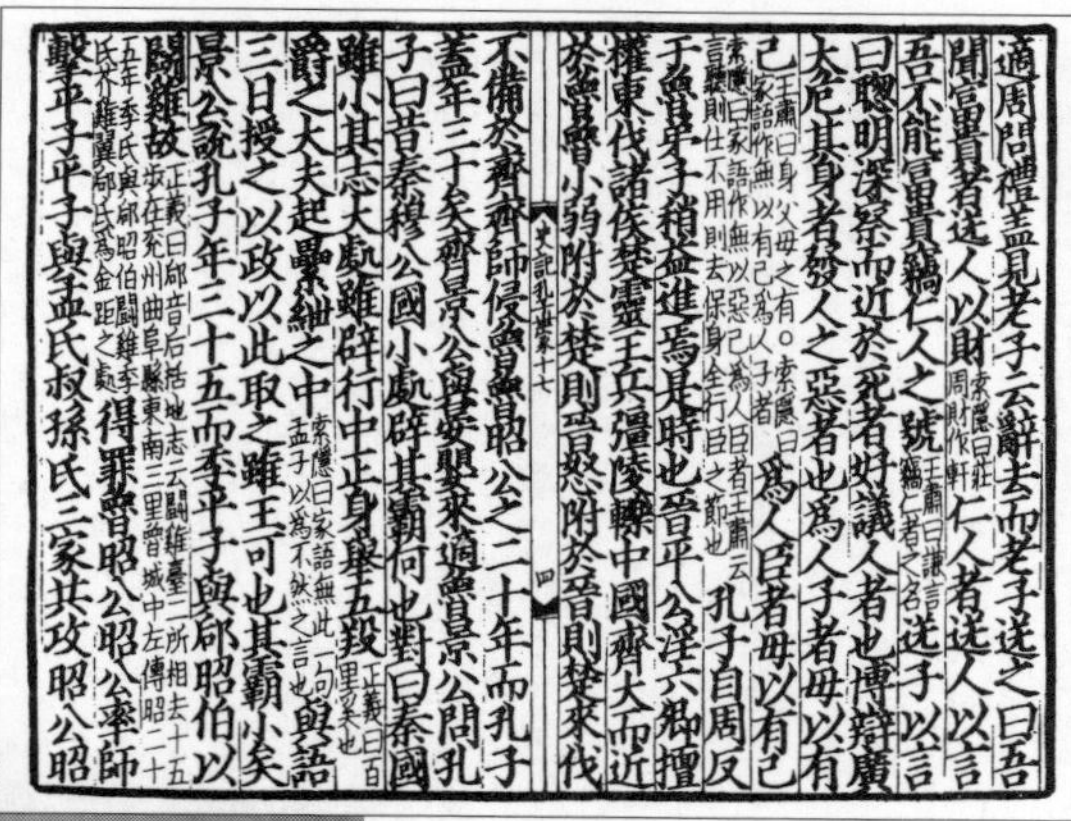

適周問禮蓋見老子云辭去而老子送之曰吾
聞富貴者送人以財索隱曰莊周財作軒仁人者送人以言
吾不能富貴竊仁人之號王肅曰謙言竊仁者之名送子以言
曰聰明深察而近於死者好議人者也博辯廣
大危其身者發人之惡者也爲人子者毋以有
己王肅曰身父母之有○索隱曰家語作無以有己爲人子者爲人臣者毋以有己
索隱曰家語作無以惡己爲人臣者王肅云言無則仕不用則去保身全行臣之節也孔子自周反
于魯弟子稍益進焉是時也晉平公淫六卿擅
權東伐諸侯楚靈王兵彊陵轢中國齊大而近
於魯魯小弱附於楚則晉怒附於晉則楚來伐
史記孔子世家十七　四
不備於齊齊師侵魯魯昭公之二十年而孔子
蓋年三十矣齊景公與晏嬰來適魯景公問孔
子曰昔秦穆公國小處辟其霸何也對曰秦國
雖小其志大處雖辟行中正身舉五羖正義曰百里奚也
爵之大夫起纍紲之中索隱曰家語無此一句孟子以爲不然之言也與語
三日授之以政以此取之雖王可也其霸小矣
景公說孔子年三十五而季平子與郈昭伯以
鬭雞故正義曰郈音后括地志云鬭雞臺二所相去十五步在兗州曲阜縣東南三里魯城中左傳昭二十五年季氏與郈昭伯鬭雞季氏芥雞羽郈氏爲金距之處得罪魯昭公昭公率師
擊平子平子與孟氏叔孫氏三家共攻昭公昭

●――**『史記』**　孔子が老子をたずねた箇所の記事。

●――**司馬遷**（前一四五～前八六頃）　前漢の歴史家。代々天文観測と暦の作成にたずさわる家柄。父の司馬談以来の事業を受け継いで『史記』を構想・執筆。古代ギリシアの歴史家にちなんで「中国のヘロドトス」と呼ばれる。

儒教国家の成立

　ところが、さしもの班固も、ついうっかりか、それともなにか意図があってか、つぎのような失策を冒している。それは、儒家思想にかぶれている皇太子（のちの元帝《げんてい》▲）の将来をあやぶむ、父親宣帝《せんてい》▲の発言の記録であった。「わが漢王朝には決まったやり方がある。それは刑名《けいめい》と徳教《とくきょう》とを併用するというものだ。漢をみだすのはきっとこの子だろう」。はたして、元帝以降、皇帝の権威は相対的に低下し、やがて王莽《おうもう》▲の簒奪《さんだつ》となって、いったん漢は亡びる。

　ここでは法家思想と儒家思想とが、漢を支える車の両輪として語られている。そして、それは武帝《ぶてい》の曾孫にあたる宣帝の時代にあっても、事実を反映していたように思われる。力と徳。王朝システムはその微妙なバランスのうえに立って運営されていた。その様相が大きく変化しはじめるのは、宣帝の予言どおり、元帝の治世においてであった。

　前漢中期まで、孔子は春秋戦国時代《しゅんじゅうせんごく》▲の多くの思想家たちの一人にすぎなかった。今では実証的に否定されているが、当時、『管子《かんし》』は春秋時代初期、孔子に先行する思想家管仲《かんちゅう》▲の教説とされていたし、老子《ろうし》▲も孔子の先輩とみな

▼元帝（在位前四九～前三三）　前漢の皇帝。儒家官僚を高官に登用し、漢王朝の儒教化を推し進めた。外戚王氏一族が権力を握り、王莽簒奪のきっかけともなった。

▼宣帝（在位前七四～前四九）　前漢の皇帝。武帝の廃太子劉拠の孫で、はじめ民間で養育されていたが、宮廷クーデターで皇帝劉賀が追放されたため、むかえられて即位。現実主義的な政策により、武帝以来の弛緩した体制を立てなおした。

▼王莽（前四五～後二三）　前漢の官僚で外戚の一員。はじめは一族中でも冷や飯食らいであったが、しだいに頭角をあらわして実権を掌握し、ついに皇帝の位を禅譲されて「新」という王朝を創始する。反乱軍に敗れて自殺。儒教を重視したにもかかわらず、儒者たちの歴史観では彼の皇帝即位は認められていない。

▼春秋戦国時代（前七七〇～前二二一年）　周の威信がゆらいで各地の諸侯が自立傾向を強め、相互にいさかいあっていた混乱期とされる時代。歴史書『春秋』と逸話集『戦国策』

されていた。春秋戦国時代の諸流派を整理した『史記』のいわゆる「六家要指《りっかようし》」では、道家を第一位にすえている。儒家は絶対的に優越した地位を確立してはいなかった。

しかし、儒家の売り物である「礼」が、前漢王朝によって重視されるにともない、その地位は上昇していく。それにあわせて、教祖孔子を他の思想家たちとは隔絶した超人的な存在にしようとする動きが進む。経書は孔子が編集したものとする伝承の成立である。それと文字どおり「経緯」（経糸と緯糸）の関係をなすものとして、緯書《いしょ》と呼ばれる一群の文献が、元帝のつぎの成帝《せいてい》▲のころから世にでてくる。それらも孔子の手になるという触込みであった。

そもそも、儒家が「経《けい》」とあおぐ文献はいずれも孔子以前から存在していたはずであった。それが孔子の名のもとに統合されていくのは、孔子が実際に政治を執る望みを絶ち、古来の聖人の道を文献として後世に伝える決意をしたためであり、また、孔子にその資格があるからであった。『荘子』にある「玄聖《げんせい》素王《そおう》」という句が根拠となった。聖人は常人との相違がだれにも明示的にわかるように身体的な特徴、異人性をもつと考えられていたので、孔子についても

との記録対象時期であることからこの名がある。実際には社会・経済・文化の各面で新たな動向が生まれた中国史上の一大画期であった。

▼**管仲**（?〜前六四五）　春秋時代、斉の宰相。富国強兵路線をとって主君桓公を全国の覇者とし、斉の全盛時代を築いた。政治家として高い評価を受けたため、『管子』がその著作として漢代に流布したが、すべて仮託である。

▼**老子**（生没年不詳）　『老子』を著し、道家・道教の開祖とされる。ただし、その正体は不明で、『史記』では候補が三名も紹介されており、現在は架空の人物とみるのが通説。

▼**成帝**（在位前三三〜前七）　前漢の皇帝で、元帝の子。実子がなく甥があとを継いで、ますます外戚の専横をまねいた。

身長の高さや頭のかたちについての伝承が生まれる。

儒教が朝廷のなかで確固不動の地位をかためる経緯を班固は『漢書』郊祀志《こうしし》で描く。多くの儒者官僚たちが活躍し、国初以来の制度を先王の礼制にもどす改革をおこなっていく。こうして戦国時代以来の弊風《へいふう》は一掃され、礼教国家が再興した。もちろん、先王の礼制といっても、それは彼らや班固がそう主張しているだけの虚構にすぎない。その仕上げをしたのが王莽であった。

王莽といえば前漢最後の皇帝に位を譲らせて自ら帝位に即《つ》き、新《しん》という名の王朝を始めた、漢王朝にとっての簒奪者である。さぞや班固の点数は辛いかと思いきや、郊祀志における王莽の扱いはまるで違う。先王の礼制を復活させた功労者という扱いになっているのだ。

そもそも、「郊祀」とは何だろうか。郊は近郊・郊外といった熟語からわかるように、都会の周辺部を指す。祀は「まつり」だから、郊祀とは文字どおりには「首都郊外でおこなわれるまつり」の意味である。ただ、『漢書』の用法もそうであるように、この祭祀が対象とするのはある特定の神であった。天帝《てんてい》である。周の実際の祭祀体系をある程度反映して、儒家は天帝祭祀を王たる者

前漢王室系図（年号は在位）

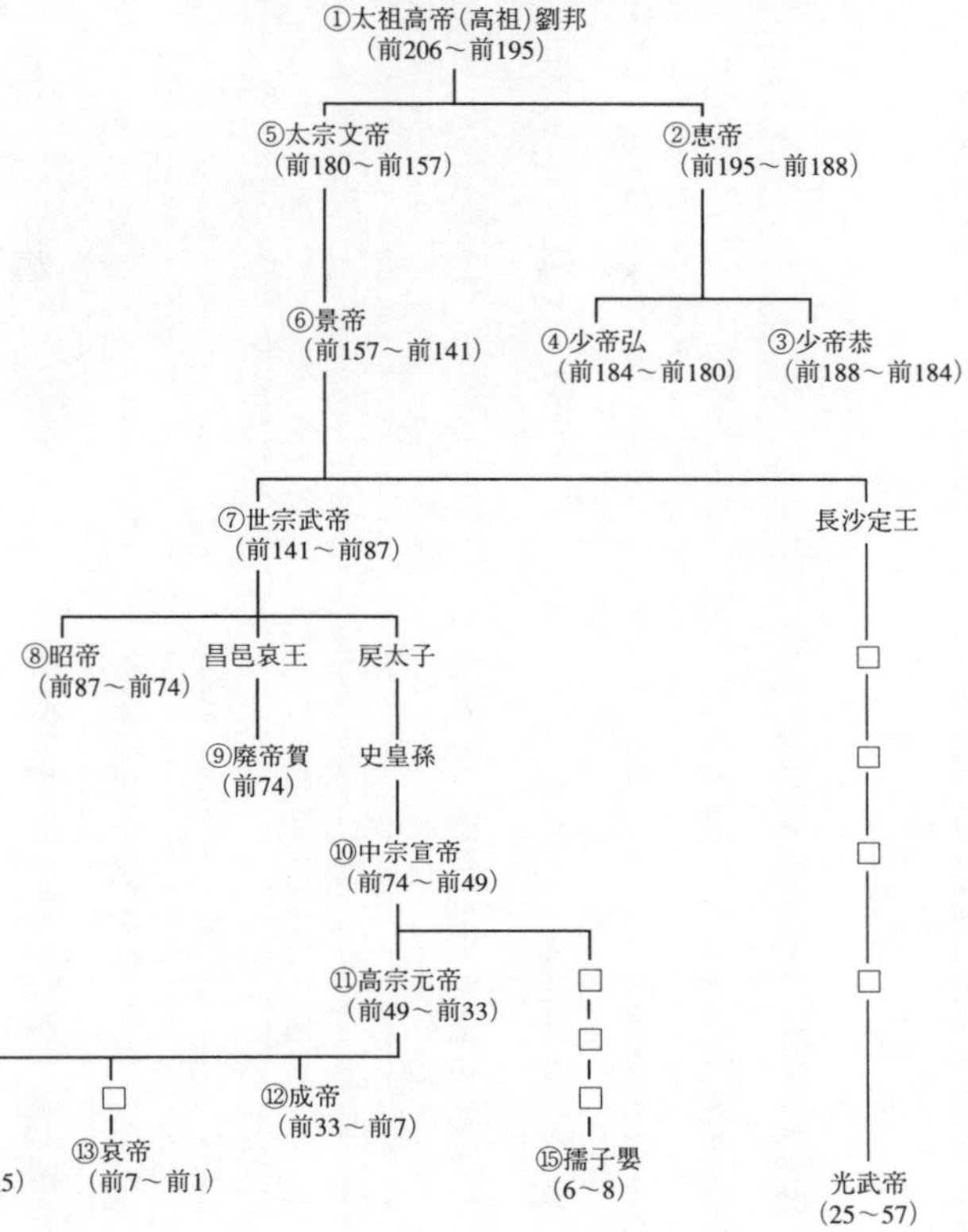

光武帝

泰山登山道の石段

▼封禅　王者がおこなう天帝祭祀。ただし、その由来や実像は謎に包まれている。『管子』の記載には古来帝王が絶えず実施してきたとあり、漢代にはそれが信じられていたが、実際は秦の始皇帝のものが最初であろう。

の職責として重視した。王が天命《てんめい》を受けて地上を統治していること、すなわち天子《てんし》であることを示すという機能から、郊祀は漢代の儒者にとって非常に重要な儀礼であった。だが、漢の皇帝は当初郊祀を実施していなかった。

漢が秦を継承しておこなっていた天帝祭祀は、都の郊外雍《よう》県でおこなう「時《じ》」の祭りと泰山《たいざん》に登山しておこなう封禅《ほうぜん》▲だった。前漢後半期の儒者たちは、この二種類の実際の儀礼を、彼らが理解する経書の文面に規定されている郊祀儀礼におきかえ、読み込んでいく作業をおこなう。『漢書』郊祀志に載せる匡《きょう》衡《こう》という儒者官僚の上奏文にいう。

天子のもっとも大切な任務は天の秩序をうけることです。天の秩序をうけるのにもっとも重要なことは郊祀をとりおこなうことです。ですから聖王は熟慮の末にその制度を作られました。天を南の郊外で祭るのは陽に近づく意味であり、地を北の郊外で祭るのは陰に近づくしるしです。（狩野直禎・西脇常記訳による）

以後、紆余曲折《うよきょくせつ》をへて王莽のときに最終的に郊祀が勝利をおさめ、後漢に継承される。封禅についても、始皇帝や武帝のやり方は本来のものから逸脱していたと解釈され、光武帝のときの封禅は儒教式に実施された。『史記』では「封禅書」であったものが『漢書』で「郊祀志」にかわっているのは象徴的であろう。

郊祀と並んで前漢後半に儒者たちが改革を推進したのが、皇帝の祖先祭祀である。高祖は彼の父が亡くなったときに諸侯の国にそのみたまや（廟《びょう》）を建てさせた。その後、高祖の没後、彼を祭る太祖《たいそ》廟が全国につくられ、文帝の太宗《たいそう》廟、武帝の世宗《せそう》廟とともに、郡国《ぐんこく》廟と呼ばれていた。また、長安にはそれ以外も含めた歴代皇帝の廟が建ち並んでいた。元帝のときの宰相貢禹《こうう》はこうしたやりかたが古制に合わないと問題提起する。

昔、天子は七つの廟でした。恵帝《けいてい》・景帝《けいてい》はすでに遠い祖先になってしまっていますから、その廟は壊すべきです。郡国廟については、いにしえの礼に合いませんので正すべきです。（『漢書』韋玄成伝）

ほどなく貢禹は世を去るが、その遺志を継いだのが韋玄成《いげんせい》だった。こうして周の制度に倣うと称して、新たに宗廟《そうびょう》が定められた。

郊祀と宗廟。この二つは後漢以後の歴代王朝でも王権を支える二つの儀礼として特別に重んじられることになる。前漢の宗廟は一人の皇帝につき一つの建物であったが、後漢の明帝《めいてい》は遺言して自分を父親光武帝の廟にあわせて祭らせ、以後の諸帝もこれに倣った。魏《ぎ》以降も創立者の廟（太廟《たいびょう》）に歴代皇帝をあわせて祭るため、宗廟と太廟とは事実上同義語となる。郊祀のほうも、祭場の数や時期、地の神を天帝にあわせて祭るかどうかなどで変化はあったものの、基本的には前漢後半につくられたかたちで一九一一年の辛亥《しんがい》革命▲まで続く。中国皇帝の王権祭祀の骨格は、前漢後半から後漢初期にかけてかたまったといえよう。

そのなかでも、王莽のブレーンとして活躍したのが、漢王室の一員であった儒者官僚劉歆《りゅうきん》▲である。礼制整備が元帝期に始まり劉歆によって決着したということを、班固は父班彪《はんぴょう》の文章として『漢書』韋玄成伝に記録している。あとで述べるように、班固は劉歆の後継者という側面をもっている。元帝期に始まった国制の転換が、王莽の新をはさんで、後漢初期にようやく完成するという構図が描けるのである。『漢書』とは、この転換が完成した時点で回顧的に語られた前漢史であった。

つまり、前漢中期までと後漢とのあいだには、王朝のあり方における大きな

▼辛亥革命　一九一一年（干支が辛亥の年）、武昌での武装蜂起に始まる全国的な騒乱で、清朝が崩壊した事件。翌一九一二年一月一日に中華民国が成立して、秦以来二〇〇〇年間続いた皇帝制度が終了した。

▼劉歆（前五三頃～後二三）　前漢および新に仕えた儒者官僚。皇室劉氏の一員。父の劉向を継いで宮中図書整理を担当。王莽のブレーンとして禅譲工作に裏方として参加。のち王莽を倒そうとした計画がもれ自殺。易の数理学にもとづく精緻な宇宙論を構築した。

▼**劉向**（前七七～前六）　前漢の儒者官僚。皇室劉氏の一員。宮中の図書整理を担当し、多くの古代典籍について、現在われわれが見るものの原型をつくりあげた。またその目録も作成し、これが現存最古の図書目録である『漢書』芸文志に継承されている。

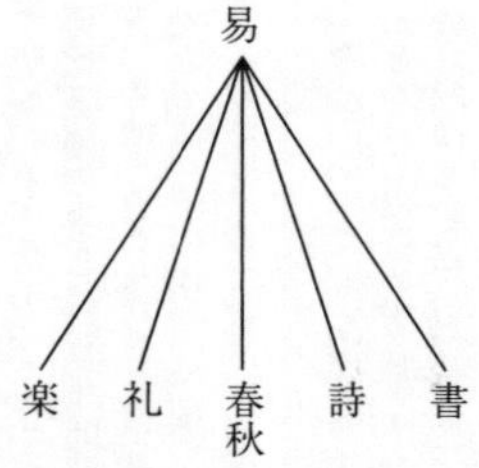

六芸の構造

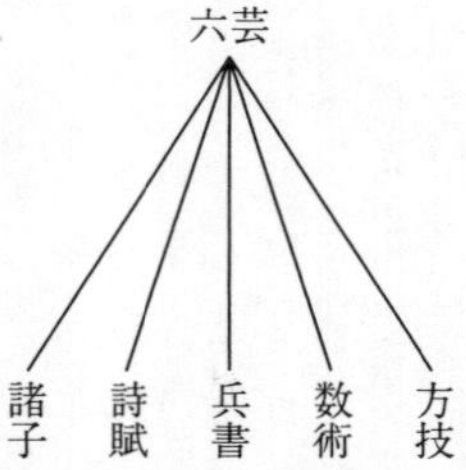

七略の学術分類法

（川原秀城『中国の科学思想』創文社，1996年より）

変質がみられるのである。後漢は儒教を統治イデオロギー・体制教学とする点で、前漢創設時とは異なっていた。というか、儒家思想が「儒教」という新しい形態に発展するのが、この時期なのである。

「儒教」という語自体が意識されるようになるのは、もっとのち、仏教や道教というほかの「教」が成立してからのことであるが、その時点で古来の儒教の中身として強調されるのは、後漢において確立した統治体制であった。宣帝を含む前漢の人たちによって「徳教」と呼ばれていたものが、より精緻に制度化されたもの、それが「儒教」であった。

礼の経書

前漢末についてもう一つ見のがせないのは、宮廷に収蔵された図書が整理され、その目録がつくられたことである。この作業をはじめに担当したのは劉《りゅう》向《きょう》▲、そして息子の劉歆があとを継ぐ。彼らの作成した目録自体は現存しないが、班固は『漢書』芸文志《げいもんし》でその手法を踏襲している。

その構成は全体を六つの部門に分け、はじめに「六芸略《りくげいりゃく》」をおいている。こここでの芸(正字では「藝」で、もともと「芸《うん》」とは別の字)とは経のこと。すなわち、順に易《えき》▲・書《しょ》・詩《し》・礼《れい》・楽《がく》・春秋《しゅんじゅう》▲である。以後、経書を並べる順序としてこれがもっとも一般的に使われる。なお、「六芸略」といいながら、そのあとに論語・孝経《こうきょう》▲・小学《しょうがく》(＝字書)があって、実際には九つの細目からなる。論語と孝経にはあとでふれる。要するに、儒教の経書に特権的地位を与え、あらゆる書籍の基本と位置づけているのだ。

六芸略のあと、諸子《しょし》略・詩賦《しふ》略・兵書《へいしょ》略・数術《すうじゅつ》略・方技《ほうぎ》略が続く。諸子略の冒頭におかれているのが儒家であった。諸子略の細目が儒・道・陰陽《いんよう》・法・名《めい》・墨・従横《しょうおう》(縦横)・雑・農・小説の九流十家《きゅうりゅうじゅっか》であり、いわゆる諸子百家という区分法がここに成立した。司馬遷『史記』の六家要指は、最後においた道家に全体を統べる役割を与えていたが、ここでは最初の儒家がその地位を奪っている。六芸略とあわせて、儒家の最終的勝利、体制教学としての儒教の成立を象徴している。

劉向の図書整理は、現在、図書館でおこなう蔵書整理とはわけが違っていた。その作業は同時に書籍そのものの作成でもあった。

▼易　筮竹(ぜいちく)による占いの文言。戦国時代には儒家に取り入れられ、そのテキストも周の文王の手になるとみなされるようになった。前漢時代からその数理的解釈が始まり、劉歆らによって発展させられて後漢経学に盛んとなる。

▼春秋　紀元前七二二年から孔子の死(前四七九年)にいたる魯の年代記。もとからのものに孔子が添削したとされ、その添削の意味を解釈する春秋学が前漢で盛んになった。

▼孝経　孝について、孔子が語ったとされる内容を中心とする書物。分量的に極めて短く、先秦時代の諸子の本の一つの篇に相当する。前漢では孝を重んじたため六つの経書と分けて分類され、やがて経の上に立つ経としてあつかわれることになった。

当時まだ紙は発明されておらず、文字は木や竹の札もしくは絹の布に書かれていた。そのため、テキストの順序が一定したかたちになっていなかった。劉向は個々の書物について秩序を与え、まとまったかたち、すなわちわたしたちがふつう思い浮かべる書籍というものをまとめあげたのである。

例えば、『漢書』芸文志の儒家の部には「孟子十一篇」とある。ところが『史記』には「孟子七篇」と記されていた。後漢の学者趙岐《ちょうき》▲は、十一篇のうち前半七篇を孟子の自著、後半四篇を後世付会されたものとして区別し、前半七篇のみに注釈をつけた。そのため、現在わたしたちが見ることのできる『孟子』は、前半七篇のほうである。趙岐の判断では、劉向・班固が十一篇としたのは、真作七篇に怪しい四篇を足したからだということなのだろう。

ところが、『史記』には「『孟子』を読んで梁恵王に義と利の区別を説くくだりにいたるたびに、いつも思いを深くした」という司馬遷の感想が記されている。この章は現行の『孟子』では冒頭におかれている。ということは、司馬遷が見た『孟子』のテキストは篇や章の順序が今のものとは異なっていたわけだ。おそらく、現行版が確定したのは劉向父子の整理の結果である。

▼**趙岐**（一〇六頃〜二〇一）　後漢の儒者。『孟子』に興味をもち、注釈をつける。

これと同じことはほかの多くの図書にもあてはまる。前漢末とは、書物が成立した時代でもあった。これ以降、学者たちは既成の書籍を前提として、その注解作業に主要な労力をさくようになる。とくに、経書についてなされるそうした営為を、経学と呼ぶ。

『漢書』芸文志の礼の部の目録は、「礼古経《れいこけい》五十六巻」と「経七十篇」で始まっている。後者の「七十」は「十七」の誤りだろうとされている。班固自身の数の数え方や、現存する『儀礼《ぎらい》』▲の篇数が十七だからだ。そして、班固はこう述べる。「古経のほうが篇数が三十九も多く、そこには天子・諸侯《しょこう》・卿大夫《けいたいふ》▲の礼が多い。后蒼《こうそう》▲たちが士礼《しれい》から推測して天子の礼を考察しているよりも優れている」と。これはいったいどういう意味だろうか。

后蒼とは宣帝に仕えた儒者の名。当時伝承されていた十七篇のテキストを経として礼学を構築した。そのテキストは大部分が士の身分の冠婚葬祭の式次第を記したもので、古くはたんに『礼経《れいけい》』と呼ばれ、内容から『士礼《しれい》』とも呼ばれ、のちに『儀礼』という名称に落ち着いた書物である。后蒼を含めて、前漢の儒者が依拠したテキスト群を「今文《きんぶん》」と呼ぶ。始皇帝の焚書坑儒《ふんしょこうじゅ》のときに現

▼**『儀礼』**　礼の経書として元来は『礼経』と呼ばれた。鄭玄(三五頁参照)が三礼併存の立場を打ち出したため、のちに『儀礼』という呼称が定着する。士大夫の冠婚葬祭の式次第が記録されたマニュアル本である。

▼**卿大夫**　天子や諸侯の臣下で上層の者たち。下級官僚が「士」である。后蒼が編纂した『儀礼』は大部分が士身分の儀礼なので『士礼』とも呼ばれた。

▼**后蒼**(生没年不詳)　前漢の儒者。今文経学の立場から『儀礼』テキストの形成に貢献した。

物は一度滅びたが、記憶や口伝で残ったものが、漢代の通行字体で書かれていたからだ。

ところが、地上から姿を消したはずの古いテキストの現物が、前漢半ばにさまざまなかたちで発見された。それらの真贋《しんがん》はとりどりであるにせよ、みな一様に古さを示すために秦以前の字体で書かれていた。そのため、これらのテキスト群を「古文《こぶん》」と呼ぶ。礼については今文経より三十九篇多いものが古文経としてあとから登場したのであった。班固によれば、その三十九篇には士身分の礼ではなく、王侯や上級貴族身分のための礼の記載が多かったというわけである。

じつは班固は古文経のほうを重んじる立場の学者だった。そもそも古文経学を宮廷で唱え、それまでたんに秘蔵されるだけで研究対象になってこなかった(とされる)古文テキストに光をあてたのが、父から図書整理事業を受け継いだ劉歆であった。王莽は彼を学術顧問として王位簒奪計画を立案・実行している。今文経学が漢を天帝によって選ばれた最後の永久王朝とみなすのにたいして、古文経学は漢を相対化し、歴史の一齣としてやがて亡びいく宿命にあることを主張する。とすると、光武帝にとっては今文経学のほうが都合がいいわけで、実際、後漢初期の主流派は今文経学だった。班固はそうしたなかで、あえて礼の部では「経(=今文経)」の前に「礼古経」をすえ、さらにその優越を主張したのである。このやり方は書経《しょきょう》でも同じである。

現在この「礼古経」は残っていないので、三十九篇の具体的内容はわからない。しかし、それらが天子諸侯の礼を記録していたことは注目される。国家教学としての儒教にとって、それが必要だったからだ。この点から考えて、もともと儒家学団のなかで伝承されていた士身分の冠婚葬祭礼にたいして、古文経学者が『礼古経』をあとからつくりだした嫌疑が濃厚である。

古文家劉歆によってもう一つ、礼の経書として『周官経《しゅうかんけい》』▲が加えられた。周《しゅう》公旦《こうたん》▲が定めた行政法典である。この経に今文テキストは存在しない。そのため後世、劉歆自身の著作とみなす論者も少なくない。王莽による簒奪のために周公の名にかこつけて捏造《ねつぞう》したというのだ。后蒼の『士礼』とはおよそ異質な国家統治の書物であり、これを礼の書物として分類したことはかなり特異であるけれども、以後の図書分類はすべてこれに従うことになる。『周官経』はのち

▼『周官経』 劉歆の図書分類により礼に加えられた書物で、周の政治組織を記述した行政法典。鄭玄が全経書の中核として位置づけ、以後歴代王朝の官制の規範となった。のちに『周礼』という名称が定着する。

▼周公旦 周の文王の子で武王の弟。兄の没後、幼少の甥成王を補佐して周王朝の基礎をかためたとされる。孔子が深く尊敬して以来、聖人としてあつかわれ、儒教のことを「周孔の教え」ともいった。最近その墓らしきものが発見された。

に『周礼《しゅらい》』と呼ばれた。

経にたいして、その意義や理論的なことを説いたテキストを「記《き》」という。班固は「経七十篇」に続けて「記百三十一篇」を記録している。その一部として現存しているものが『礼記《らいき》』にほかならない。経すなわち『儀礼』『周礼』それにこの『礼記』。この三つは後漢以降、儒教における礼の経書となって、あわせて三礼《さんらい》と呼ばれた。

天子と皇帝

ところで、新しく皇帝が即位すると、郊祀と宗廟で自ら天帝と祖先との双方に、挨拶の祭祀を執りおこなう。この二つは質的に異なるもので、皇帝権威の二重性を示していた。すなわち、天帝は彼に天子として地上統治の正当性を賦与する存在であり、祖先は家産的に君主としての地位を彼に嗣《つ》がせた存在であった。このため、皇帝は天帝には「天子臣某」(「某」にはそのときの皇帝の本名、例えば光武帝なら「秀《しゅう》」がはいる)、祖先には「皇帝臣某」と自称する。ただ、現皇帝が郊祀して天帝を祭ることができるのは、王朝創業者が徳を積んで天命

▼**魏**(二二〇〜二六五年)　曹操(一五五〜二二〇)が権力を掌握し、魏王として没した直後に、子の曹丕が禅譲によって創設した王朝。鄭玄経学を採用し、儒教理論による王権神聖化に努めた。しかし、国初以来の権臣晋王司馬氏に禅譲することによって滅亡する。

▼**曹丕**(文帝、在位二二〇〜二二六)　曹操の子で魏王朝の初代皇帝。王莽同様に自分を舜の子孫と称し、堯の子孫ということになっている漢からの禅譲を受けた。これに従わない劉備は蜀(四川省)で独自に漢王朝の皇帝を自称、ほかに呉も帝位を称して三国時代をむかえる。

を受けたお陰であり、そのため郊祀では仲介者として創業者をあわせて祭る。後漢でも中興者光武帝ではなく、前漢創業者の高祖がこの地位にあった。

この二重性は現王室にとっては両刃《もろは》の剣だった。かつて天命が前王朝から現王朝に移行したのと同じように、別の一族にとってかわられる危険性を備えていたからである。というより、そもそもこうした形式を整備した王莽自身、それを漢のために成しとげたというよりは、自分の王位簒奪に向けての布石としてであった。始皇帝や武帝は自分個人の生命とともに、自らの王朝が永遠に続くことを祈願して封禅儀礼をおこなっていたが、郊祀と宗廟の二重制度は王朝交替の論理を当初から内包していた。後漢が前漢武帝以前の制度にもどさなかったことが、結果的に二〇〇年後の魏▲王朝の成立の遠因になったともいえよう。天命が改まり新しい王朝が成立することを「革命」と呼ぶ。レボリューションの訳語としての用法は、近代日本で考案された。

王莽や魏の曹丕《そうひ》▲による革命を禅譲《ぜんじょう》と呼ぶ。禅も譲も「ゆずる」の意。天命がすでに移ったことを悟った皇帝が自主的に王位を譲るということである。もちろん、この美名の裏にあるのは、暴力的脅迫をともなった強制だったことはい

●—**玉璽分類表**（金子修一『古代中国と皇帝祭祀』汲古書院、二〇〇一年より借用。もとは西嶋定生「皇帝支配の成立」により、一部改変）

漢			隋		唐		
種別	『漢旧儀』『漢官儀』	『唐六典』巻八符宝郎条注	種別	『隋書』礼儀志七	種別	『唐六典』巻八符宝郎条	『唐律疏議』巻二五偽造皇帝宝条疏議
			神璽	宝として用ひず	神宝	百王を承け万国を鎮むる所以なり	宝として用ひず
			受命璽	封禅するに則ちこれを用ふ	受命宝	封禅を修め神祇を礼する所以なり	封禅するに則ちこれを用ふ
皇帝行璽	凡《すべて》と為す	王侯以下を封拝し遣使して就きて授く	皇帝行璽	諸侯及び三師三公を封命するに則ちこれを用ふ	皇帝行宝	王公に答疏するに則ちこれを用ふ	王公以下に報ずる書に則ちこれを用ふ
皇帝之璽	諸侯王に書を賜ふ	銅獣（虎）符を下し郡国の兵を発す	皇帝之璽	諸侯及び三師三公に書を賜ふに則ちこれを用ふ	皇帝之宝	勲賢を労来するに則ちこれを用ふ	王公以下を慰労する書に則ちこれを用ふ
皇帝信璽	兵を発し大臣を徴す	竹使符を下し大事に徴召し州郡国に行ふ	皇帝信璽	諸夏の兵を徴するに則ちこれを用ふ	皇帝信宝	臣下を徴召するに則ちこれを用ふ	王公以下を徴召する書に則ちこれを用ふ
天子行璽	外国を策拝す	外国を封拝し及び徴召す	天子行璽	蕃国の君を封命するに則ちこれを用ふ	天子行宝	四夷に答ふる書に則ちこれを用ふ	蕃国に報ずる書に則ちこれを用ふ
天子之璽	天地鬼神を事《まつ》る	匈奴単于・外国王に書を賜ふ	天子之璽	蕃国の君に書を賜ふに則ちこれを用ふ	天子之宝	蛮夷を慰撫するに則ちこれを用ふ	蕃国を慰労する書に則ちこれを用ふ
天子信璽	？	有事《まつり》及び外国の兵を発す	天子信璽	蕃国の兵を徴するに則ちこれを用ふ	天子信宝	蕃国の兵を発するに則ちこれを用ふ	蕃国の兵馬を徴召するに則ちこれを用ふ

中国の君主は上掲のような各種の印璽《いんじ》(はんこ)を用途に応じて使い分ける決まりだった。「皇帝」は国内政治，「天子」は外交・軍事のさいの称号だったことがわかる。

●五行の相関

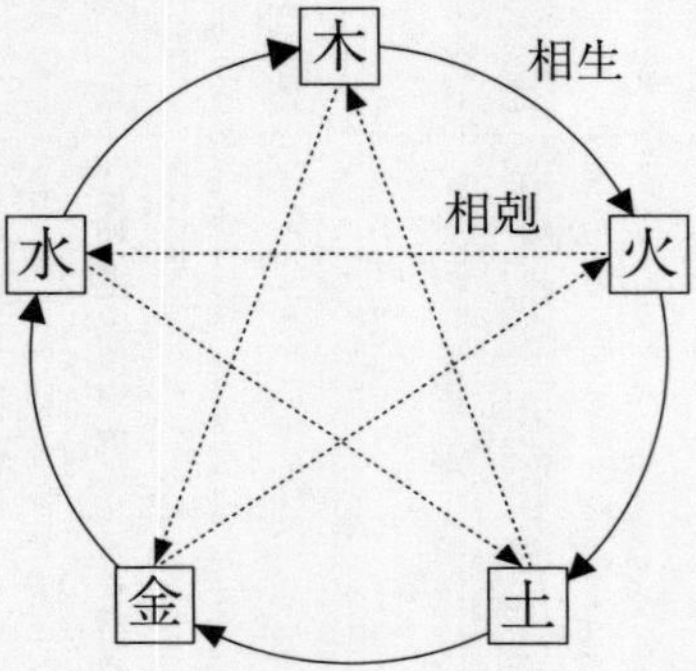

●漢から宋にいたる五徳終始　後唐は唐の延長(蜀漢の漢におけると同様)であるため、王朝の徳も同じ。換言すれば、後唐は後梁の正統性を認めないということである。

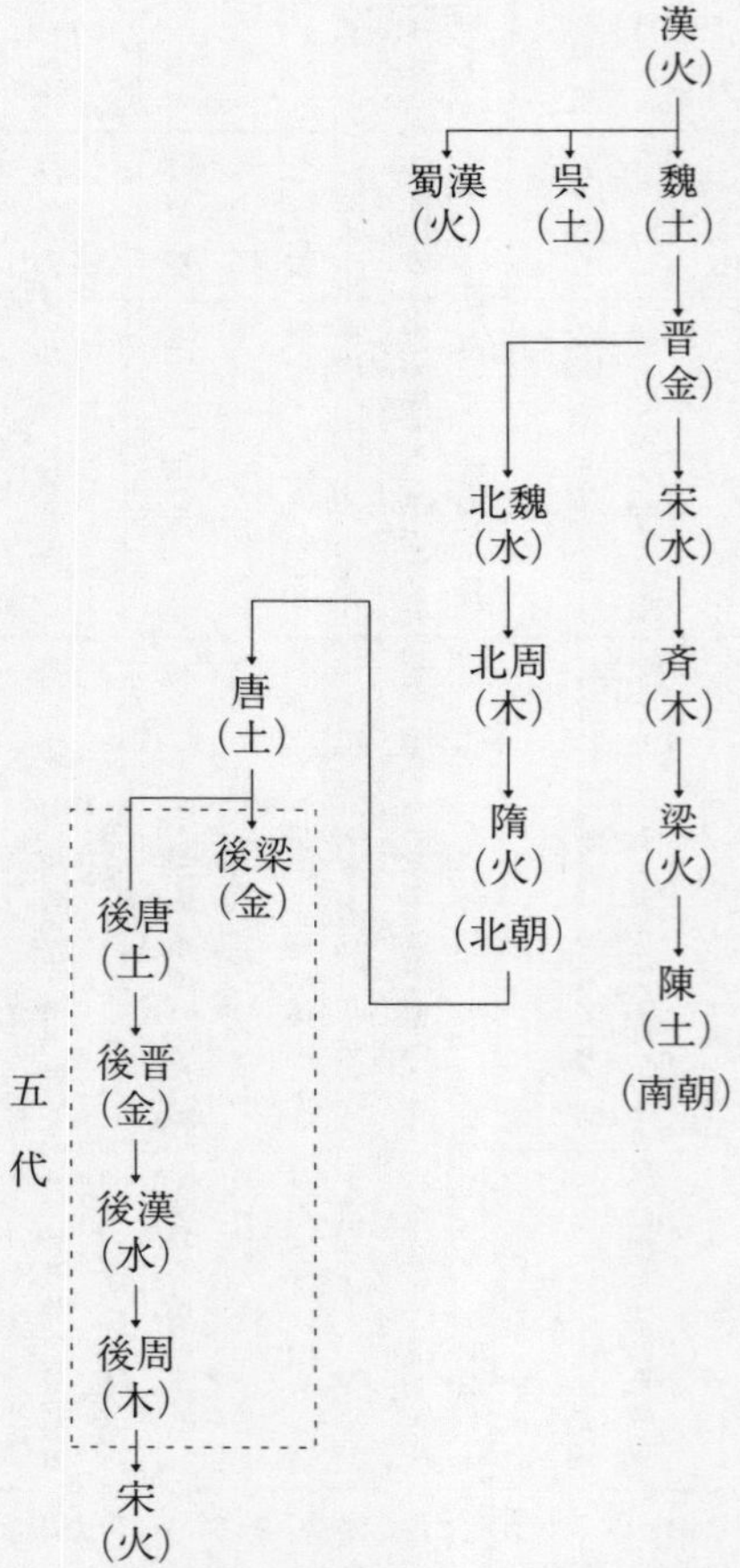

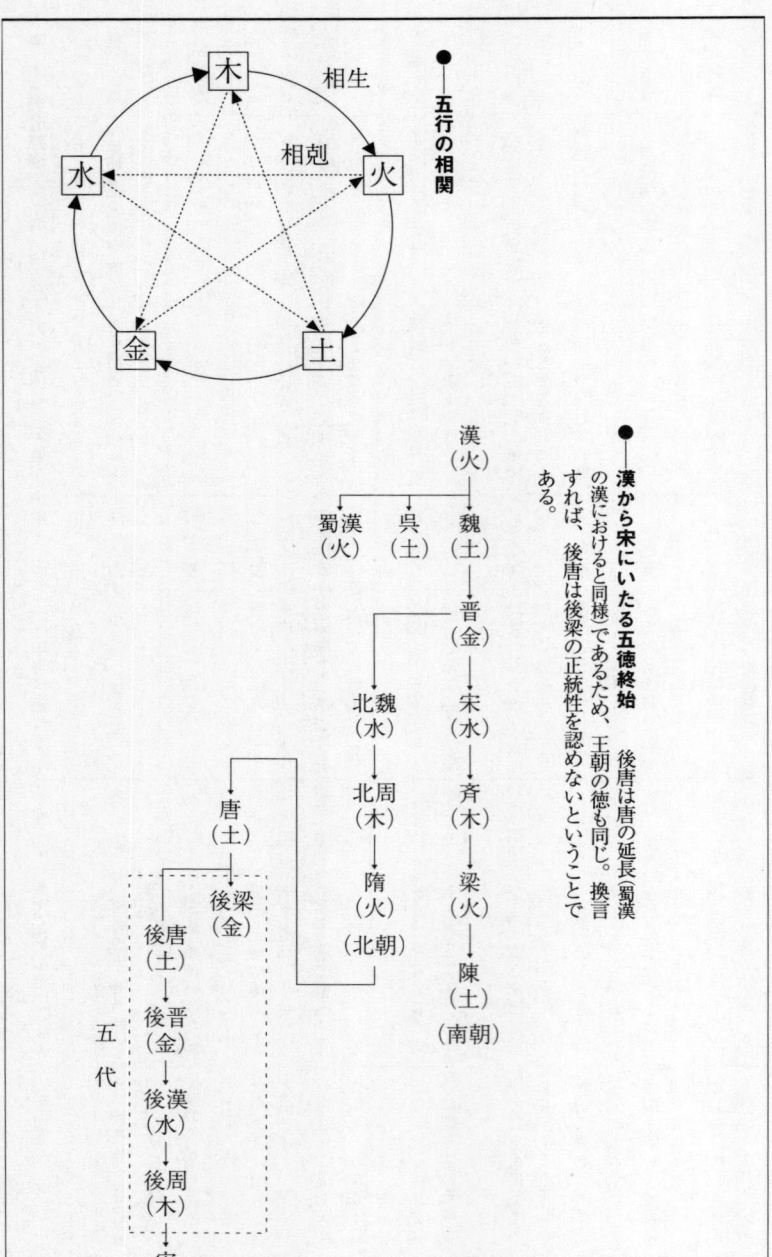

うまでもない。五徳終始説《ごとくしゅうし》▲や緯書▲がこの理論の下支えをするものとして利用された。王莽以降、宮廷クーデターとして起こった王朝交替はことごとくこの形式でおこなわれた。十世紀に成立した宋以降、禅譲革命が生じなくなったのは、この時代に生まれた朱子学▲の王権理論が五徳終始説と緯書を否定したためである。ときに誤解した記述をみかけるが、魏以降の実際の禅譲革命と孟子の放伐《ほうばつ》革命思想とのあいだに、直接の関係はない。

漢代における郊祀と宗廟の制度的確立は、たんに皇帝の地位と尊厳を制度的に確定させたというにとどまらない。王朝体制(史料上、「国家」と表現される対象)が儒者たちの政治思想に立脚するようになったということを意味する。諸子百家の一つとしての儒家ではなく、国家教学としての儒教が、ここに成立したのである。

▼五徳終始説　木・火・土・金・水の五行が、この順序で移り変わるとする世界観(五行相生説)にもとづき、個々の王朝も五行のどれか一つとして交替していくとする政治学説。漢は火であったので、新や魏は土、晋は金を称した(前頁参照)。

▼緯書　経書の補足をなす語で、経書を編んだ孔子が、そこにかくされた真理を予言的に記述したものとされる。自然界の予兆的文書である図讖(としん)とあわせて讖緯(しんい)と呼ばれ、王朝交替にさいして正当根拠を提供した。

▼朱子学　南宋の朱熹(一一三〇～一二〇〇)が大成した儒学の一流派。漢代以来の経学を批判的に継承し、そこにみられる王権理論を全面的に改めた。

②—儒教の拡がり

貴族制の時代

三国時代とそれを統一した晋《しん》▲、そして続く南北朝時代▲は、「貴族制の時代」といわれる。この用語は近代日本の歴史学が生んだものだが、交替めまぐるしい王権の権威低下をよそに、特定の家柄が長く栄え、そこから朝廷の高官や名だたる学者・文化人が輩出しつづけるようすは、たしかに貴族という世襲特権階級が厳然と存在したことを示している。しかも彼らはかならずしも経済的・軍事的な権力者ではなかった。富や力とは別の、当時の用語で「文《ぶん》をもって化《か》す」、わたしたちの語彙で「文化」としか呼びようのない仕方で、社会の上層に定着していたのである。彼らの生き方を支えているのが、「礼」であった。

後漢礼教《ごかんれいきょう》国家は宦官《かんがん》・外戚の跋扈《ばっこ》による内部腐食と黄巾《こうきん》の乱▲による権威失墜によって崩壊し、禅譲《ぜんじょう》革命によって魏《ぎ》王朝が成立する。魏は四〇〇年続いた漢の権威を相対化するために新しい礼制を導入する。その理論家として利用されたのは、後漢末期、宦官によって中央をおわれ、黄巾の乱で辛酸もなめた鄭《じょう》

▼晋(西晋二六五～三一八年、東晋三一八～四二〇年)　魏が蜀を併合し、魏から禅譲された晋が呉を軍事的に征圧するにおよんでふたたび統一王朝が誕生した。しかし、魏の失策にこりて王族を優遇しすぎたことや、異民族の侵入もあって、晋は中国北部の領土を喪失する。

▼南北朝時代(四二〇～五八九年)　南で晋が宋(四二〇～四七九年)に禅譲し、北では魏(曹氏の魏と区別して北魏・後魏と呼ばれる)が優勢になって以降、隋(五八一～六一八年)による南北統一まで、皇帝が同時に二人(一時は三～四人)いた時代を指す。

▼黄巾の乱　太平道という宗教的結社の長であった張角(?～一八四)が、漢王朝打倒を掲げて武装蜂起した事件。後漢の屋台骨をゆるがし、その後の群雄割拠、曹操の専権につながっていく画期となった。

玄《げん》▲という経学者であった。

鄭玄は緯書を活用した経書注解作業を全面的に展開し、壮大な体系を打ち立てた。従来、その学説は漢王朝を荘厳《しょうごん》する目的だったと説かれてきたが、最近の研究によれば、実際の漢制は鄭玄学説とはあい容れないとのことで、むしろ漢の衰亡を見越したうえできたるべき新王朝のために礼制を用意したとみるべきなのかもしれない。

魏において鄭玄説に真っ向から反対した経学者が、王粛▲である。彼は司馬氏《しば》と婚姻関係を結んだため、結果的に魏のつぎの王朝晋の初代皇帝武帝《ぶてい》▲の外祖父となった。そうしたこともあって、晋では王粛説が採用される。鄭玄と王粛の相違は多岐にわたり、この両者の系統をそれぞれに受け継ぐ経学者のあいだで論争が展開していた。おおまかにいって、華北《かほく》において五胡十六国《ごこじゅうろっこく》の混乱を収拾した北魏以降の北朝は鄭玄系、晋が南遷した東晋とその系譜を引く南朝諸王朝は王粛系とされる。

鄭玄はあらゆる経書の根本に『周礼《しゅらい》』をおいた。おそらく王粛も同様だったろう。新たな国家秩序構築のためには、そのプランをもっとも具体的に示して

▼鄭玄（一二七～二〇〇）　後漢の儒者。はじめは政治的党派弾圧のため、のちには黄巾の乱によって、都を遠く離れた山東省の故郷で著述に従事した。漢代の経学を総括し、礼学を根幹にすえた壮大な思想体系を樹立、後世に絶大な影響をおよぼした。

▼王粛（一九五～二五六）　魏の儒者。鄭玄の経学に異議を唱え、数百年間におよぶ両派の対立を導く。ある説によれば、王粛のほうがむしろ漢代経学の穏当な後継者であったらしい。

▼武帝（在位二六五～二九〇）　本名は司馬炎。祖父以来の魏の大官で、魏の禅譲を受けて即位して晋王朝を開き、呉を亡ぼして南方を平定した。晩年は政治をおろそかにする。母親は王粛の娘であった。

女史箴図　晋の顧愷之(こがいし)の画として伝承されてきたが、唐代の模写だろうともいわれる。晋の皇后の所行を風刺した文章の挿図。

いるこの行政法典が有効だったからである。魏から唐《とう》まで、紆余曲折はあるにせよ、『周礼』にもとづく統治が試みられた。そのため、この期間を「周礼国家の時代」とする見解もある。王権は『周礼』のうえに構築されていた。

しかし、隋《ずい》による南北再統一まで、各王朝は政治権力として漢ほどの実力をもたなかった。朝廷に仕える人びとは、なかには周礼国家の実現に生涯を捧げる有徳者もいたものの、大半は自分の栄達と一族の繁栄に腐心し、現行秩序の維持を自己目的化する連中であった。彼らは礼秩序を『周礼』のような国家次元においてではなく、『儀礼《ぎらい》』に規定された日常生活の範囲でとらえた。冠婚葬祭の正しき実践が重視される。なぜなら、正しい振舞いを自然におこないうる者こそが優れた人材とみなされたからだ。彼らこそが貴族であった。

とりわけ彼らの関心をひいたのが、喪礼《そうれい》である。親をどう弔い葬るか。そのことによって孝か否かが判断された。儒教の徳目として古くから尊重されてきた孝が、突出して尊重される。孝子であるという評判が立つこと、それは世襲的な貴族社会におけるステータスシンボルであった。もちろん、本物の由緒正しい貴族はそうした行動規範を生まれたときからたたき込まれ、身につけている。こうした高級貴族に追いつけ追いこせとばかりに上昇志向をもつその他の貴族たちにとってのほうが、問題は切実だった。自分の親から直接に実践規範を教わることがなかった者たちは、これを書物による学習によって補おうとする。この時期、喪礼にかんする大量のマニュアル書が作成され流布していた。それは紙という比較的安価な媒体をつうじて、写本文化が定着しつつあったこととも対応していた。もはや、書物は宮廷図書館に秘蔵される性質のものではなくなっていた。鄭玄もそうであったように、都を離れた地方にも経学に従事する学者が叢生《そうせい》し、儒教を自らの生活指針とする人たちが暮らしていた。魏晋南北朝時代の礼学の、前後の時期に比べたときの特徴はここにある。

王粛の注解は現存しないため実証のしようがないが、少なくとも鄭玄の『儀礼注』は、いちおう実践規範を提供してはいるものの、現実には履行不能な煩雑かつ大規模なものであった。鄭玄にとって礼学の中心は国家礼制であり、后《こう》蒼《そう》たち今文家《きんぶんか》が重んじた「士礼《しれい》」は朝廷の儀礼の一環として位置づけられていたため、その実現可能性は二次的な問題だったのであろう。この点が、貴族たちのあいだに実践可能なマニュアル需要が大きかった理由である。

だが、こうした風潮は当然またしても礼の形骸化という事態を生む。そもそも皇帝にしてからが、権力欲の固まりであるにもかかわらず、「身は不徳にしてその任にあらず」と断った末にしぶしぶといった表情で禅譲を受けて即位していた。その偽善ぶりは周知のことだった。こうした社会風潮に反発して、一部の良識ある貴族たちは、わざと礼教を逸脱する行為に奔《はし》る。例えば、礼の規定では親を亡くしても過度に悲しんではならないのに、感情の赴くままに泣いてみせる。逆に、親が死んでも平気なふりをすることで、わざとしおらしく振る舞う偽善者たちをあてこする。近代になって礼教への反逆者として偶像化された竹林の七賢なども、そうした政治的文脈から登場してきた。ところが、今度はそうした逸脱行為をわざとすることが、「かたちばかりの礼節に囚われない真の君子」という評価を勝ちうるための道具になっていったという。こうなると、もういたちごっこでしかない。礼教の何が真実・真情なのかは、結局当人の内面でしか判断できなくなるだろう。

魏晋南北朝時代の貴族たちだけでなく、鄭玄の『儀礼注』はその経学体系を大きく覆《くつがえ》した朱子学によってすら継承され、その朱子学を批判するかたちで生

●——**竹林の七賢**　魏の時代に，世俗の名利や偽善をきらい隠逸を志したとされる七人の貴族官僚のこと。ただし，この伝承には英雄伝説化の作用が働いている。近代になると，反礼教の闘士として別様の偶像化がほどこされる。

まれた清朝考証学者からは聖典として崇められた。ただし、実際に人びとが冠婚葬祭をその規定どおりに遂行していたわけではない。あくまでも周の時代の遺制として、理想の形式として思念されつづけたのである。

周孔の教え

清朝考証学盛んなりし十八世紀半ばのこと、長崎から帰国した人物が、日本で刊行された一冊の本をたずさえていた。『論語義疏《ろんごぎそ》』と題されたこの本の著者は、六世紀の梁《りょう》に仕えた儒者皇侃《おうがん》▲。中国ではすでに十二世紀には亡失していた書物であった。

数百年ぶりの大発見に学者たちがわきたったのは、考証学が規範とあおぐ訓詁学の最高峰をなす作品として、この本の散逸が惜しまれていたからだった。ふたたびあらわれた『論語義疏』は、朝廷の後押しをえて何百年来『論語』の公定解釈とされてきた朱熹▲の『論語集註《ろんごしっちゅう》』に対抗するものとして、考証学者から尊重された。

『論語』は漢代経学の厳密な定義に従うならば経書ではなく、六経《りくけい》の理解を

▼**皇侃**(四八八〜五四五)　梁の儒者。伝記事項は本文に述べたとおり。日本で古くから尊重されたことは、鄭玄(ジョウゲン)・孔穎達(クヨウダツ)同様、オウガンという呉音読みがされることからもうかがえる。

▼**朱熹**(一一三〇〜一二〇〇)　南宋の儒者官僚にして朱子学の大成者。多くの経書に注解を付し、そのうち四つ(『大学』『中庸』『論語』『孟子』)が四書と呼ばれて近世東アジア全域で広く読まれた。

助ける書物にすぎない。しかし、劉向《りゅうきょう》の図書整理の時点からすでに六経や『孝経』と並んで独立に部立てされていた。その注釈をほどこした後漢の経学者が何人かおり、最後に鄭玄も注を書き、梁のころには残っていたが、唐の初め、七世紀にはすでになくなっていた。スタンダードな注解として南北朝時代の人びとが愛読したのは、魏の何晏《かあん》▲の『論語集解《ろんごしっかい》』である。

皇侃の『論語義疏』は、『論語集解』につけられた注解、すなわち『論語』そのものからすると第二次の注釈であった。そもそも、「義疏▲」という語にそうした意味合いがある。

皇侃は中級貴族の家柄であり、三礼と『論語』『孝経』を深く学んだ。『孝経』を毎日二〇回は読誦していたというが、これは当時広くみられた現象である。もちろん『孝経』の中身の理解とその実践も重要であったろうが、それ以前の問題として、『孝経』の経文を唱えるだけで現世利益がえられると信じられていたのである。まさしくそれはわたしたちの語感でいうところの「お経」だった。

皇侃が仕えた梁の武帝▲は、南朝三百年の歴史のなかでももっとも学術を愛好

▼何晏（一九〇？〜二四九） 魏の学者官僚。曹操の愛人の子であったため、曹操からかわいがられる。魏の宮廷の中心人物となるが、司馬氏の勢力と対立、政変によって処刑される。

▼義疏 もとは仏教経典の内容を解説する書物を指し、やがて儒教でも使うようになったとされる用語。漢や魏の注釈者たちの「注」にたいする二次的な注解である。たんに「疏」ともいい、「注疏訓詁の学」とは漢から唐の儒学を意味する。

▼梁の武帝（在位五〇二〜五四九） 本名は蕭衍（しょうえん）。同族であった斉から禅譲されて梁を建国。仏教を厚く信仰し、南朝文化の最盛期となった。

した君主で、『中庸講疏《ちゅうようこうそ》』ほかの短編を自ら撰述したほどである。礼制の再興にも意を用い、吉凶軍賓嘉《きっきょうぐんひんか》▲の五種類の礼についての書物の編纂を沈約《しんやく》▲らに命じている。

皇侃が武帝に見出されたのは、『礼記』の注釈者としてであった。残念ながらその著『礼記義疏』『礼記講疏』はどちらも現存しないが、彼の注解の系譜を引くものの断片がやはり日本に写本として伝わっている。礼学者としての皇侃は、『論語』注解にあたっても、礼とは何かという点に力をいれていた。その一例として、「克己復礼《こっきふくれい》」の解釈をみてみたい。この例示は、あとで紹介する朱子学における解釈との比較も念頭においている。

「克己復礼」とは顔淵《がんえん》▲篇の冒頭、仁について顔淵が質問したことにたいする孔子の回答であった。その意味内容をめぐっては古来諸説あるが、何晏『論語集解』は漢儒たちの説を総合して「自分の身を慎んで礼にかなった振舞いをすること」と解していた。二次解釈である皇侃『論語義疏』は、この説を敷衍《ふえん》し、『論語』経文のなかで孔子が「一日でも克己復礼できたなら、天下の人びとが帰服してくるだろう」と述べたこと（この解釈は何晏のもの）についてこういう。

▼吉凶軍賓嘉　礼を内容によって神々への祭祀（吉礼）、葬儀や救恤（凶礼）、出征や軍律（軍礼）、賓客や外交（賓礼）、元服や婚儀（嘉礼）に分類する仕方。まとめて五礼ともいう。

▼沈約（四四一～五一三）　斉と梁に仕えた儒者官僚。文章家としても評価が高い。

▼顔淵（前五一四～前四八三）　名は回、淵は字。孔子がもっともかわいがり期待していた門人。孔子よりさきに、若くして亡くなった。「克己復礼」は顔淵が仁についてたずねたときの孔子の答え。

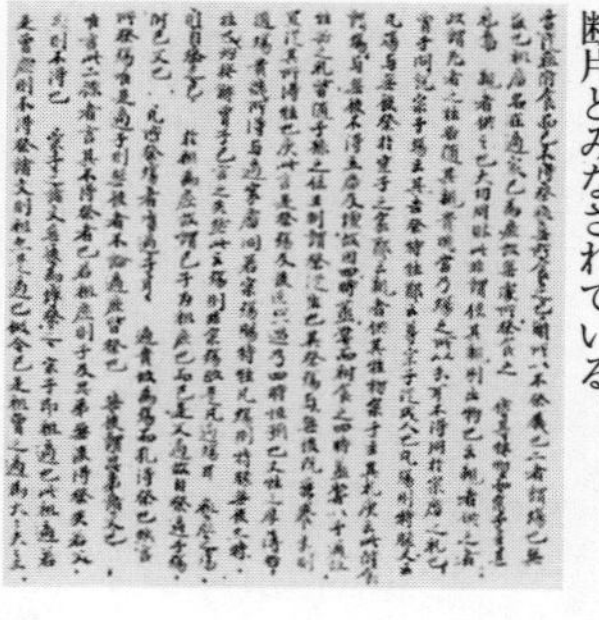

『礼記子本疏義』 皇侃の礼説の断片とみなされている。

「君主が一日でも克己復礼することができれば、天下の民はみなこの仁なる君主に帰服する」と。

孔子は君主ではない。顔淵も君主ではない。なのになぜ彼らの問答を君主の心がけという次元でとらえようとしたのか。すでに述べたとおり、当時は孔子を王になるべき資質をもちながら王になれなかった人物、「素王」とみなしていたからである。『論語』は、一般人の倫理道徳を説いた書物というよりも、王者のための書としてあつかわれていた。だから経書待遇を受けたのである。

わたしたちは普通、孔子を偉大な思想家・人類の教師として認識している。おそらくこの理解は歴史的人物としての孔子の実像として正鵠《せいこく》を射ている。ところが、漢代に経学が成立して以来、朱子学が興隆するまでは、孔子は素王として表象されていた。孔子は王だったからこそ聖人なのである。わたしたちの語感で「聖人」が第一義的に人格者を意味するのは、朱子学がそうした聖人観を広めたことの結果である。

後漢の光武帝や魏の文帝や梁の武帝が、王朝創業者として礼教国家体制の構築に務めたさい、玄聖素王《げんせいそおう》であった孔子の教説(とされたもの)が模範となった。

孔子は倫理的教師であるという側面よりも、政治理論家として崇められていた。

古文系の経学、とりわけ『周礼』を典範とする鄭玄・王粛の登場以後は、周制を定めた周公も聖王として尊重することになる。周公と孔子。実際には王位に即《つ》かなかったこの二人の人物を理想の王と表象することで、魏晋南北朝・隋唐の諸王朝、いわゆる周礼国家は成り立っていた。儒教とは「周孔の教え」であった。

だが、当時、儒教の権威は後漢ほどの絶対性をもたず、相対化されつつあった。インドからこれまでとまったく別の教えが伝来していた。それに刺激されて土着の神仙《しんせん》思想▲や道家思想が融合し、また別の教えも誕生した。仏教と道教とである。

儒教が「儒教」と呼ばれるようになったのも、これら三つの教えが並び立つようになり、これらを区別する必要が生じたからであった。「儒教」とは、浮《ふ》図《と》(ブッダの音訳)や老荘ではなく、周孔の教えだというわけである。

神々や祖先への祭祀においても、儒教は仏教・道教の挑戦を受けるようになる。貴族たちは、基本的には儒教の礼を規範として尊重しながら、実際の生活

▼神仙思想　地上のどこかには不老不死の仙人が住んでいると考え、そこにたどりつく、もしくは自身が仙人になることを目的とする信仰の一種。蓬萊山や西王母の話が有名。

では仏教や道教の流儀に従った祭祀もおこなっていた。仏教・道教が、それまでの儒教には欠けていた個人の霊魂救済を説いていたからである。

この点において仏教・道教は宗教であり、それが栄えた魏晋南北朝・隋唐時代は「宗教の時代」だとされている。たしかにそのとおりであろう。しかし、それは宗教とは個人の霊魂救済を目的とするものだという、西洋起源の宗教定義を前提にしての話にすぎない。当時の東アジアの語法では、儒教も含めて三教という「教」が並存していたのである。留学前の若き空海《くうかい》▲にすでに『三教指《さんごうしい》帰《き》▲』という著作があることからも、この考え方が広く浸透していたのがわかる。儒教は決して衰えていたわけではない。

隋による政治的な南北再統一がなり、大運河の掘削によって経済の一体化も進み、つぎの唐によって安定した社会秩序が実現すると、学術の南北融合がはかられた。儒教経学のうえでは、太宗▲の命令により『五経正義《ごきょうせいぎ》』編纂がなされる。五つの経書（六経から楽を除いたもの）につきそれぞれの注釈書が一つずつ選択され、それらに孔穎達《くようだつ》を代表とする儒者たちの共同作業によって義疏がつけられた。礼については（王粛ではなく）鄭玄の（『周礼注』や『儀礼注』ではなく）

▼空海（七七四〜八三五）　弘法大師。讃岐（今の香川県）出身の高僧。唐から密教をもたらして真言宗の開祖となった。加持祈禱などの呪術儀礼に優れ、京都の東寺や高野山金剛峯寺を開いた。

▼『三教指帰』　空海の若いころの著作。仏教の、儒教・道教にたいする優越点を説く。

▼太宗（在位六二六〜六四九）　唐の第二代皇帝にして実質的な創業者。本名は李世民。皇太子であった兄を殺して即位。中国皇帝であるのみならず、西方諸民族には天可汗として君臨。貞観の治と呼ばれる唐の黄金期を現出した。

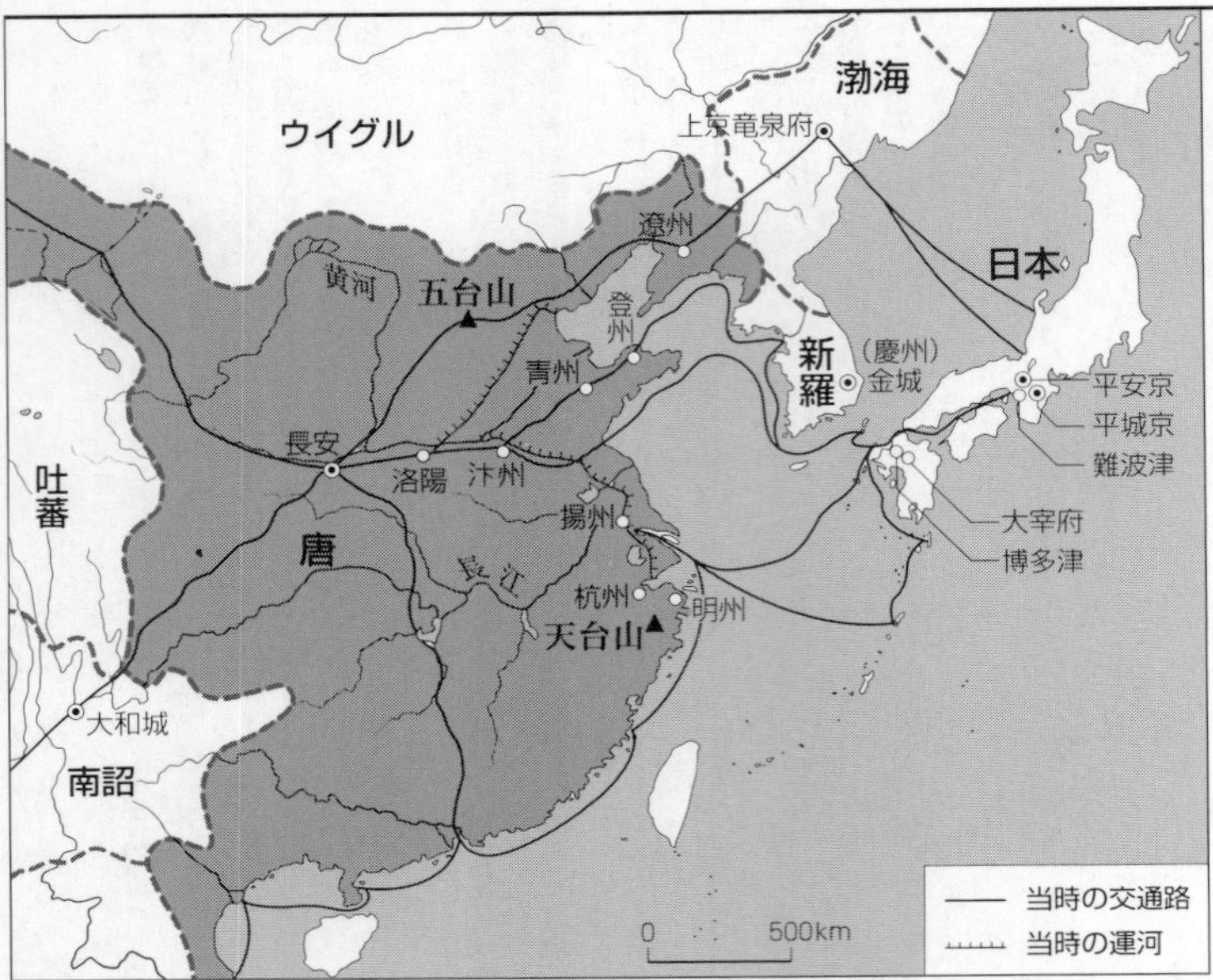

●—唐代の東アジア

●—唐の円丘壇（『考古』総三九四期より）

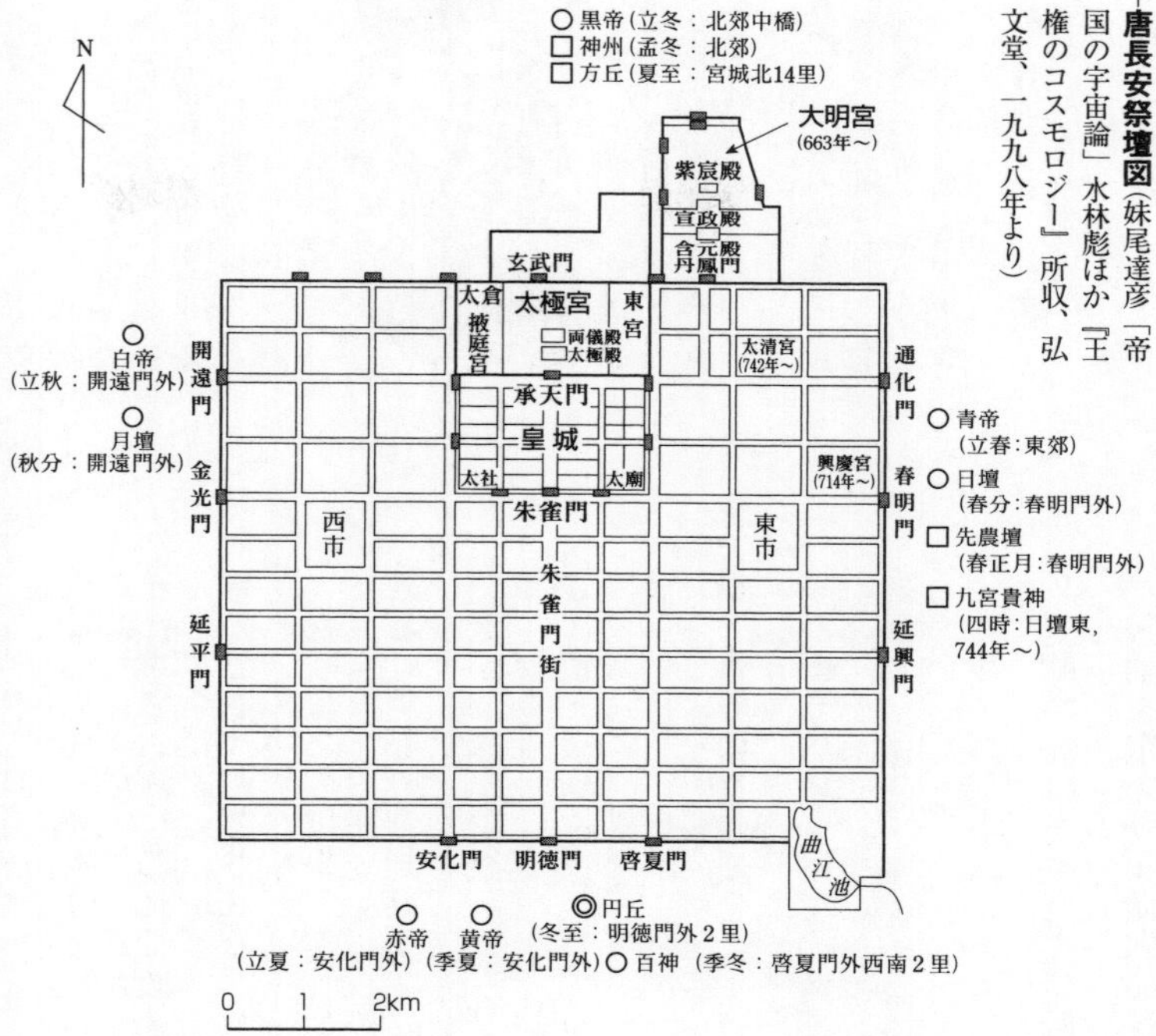

唐長安祭壇図（妹尾達彦「帝国の宇宙論」水林彪ほか『王権のコスモロジー』所収、弘文堂、一九九八年より）

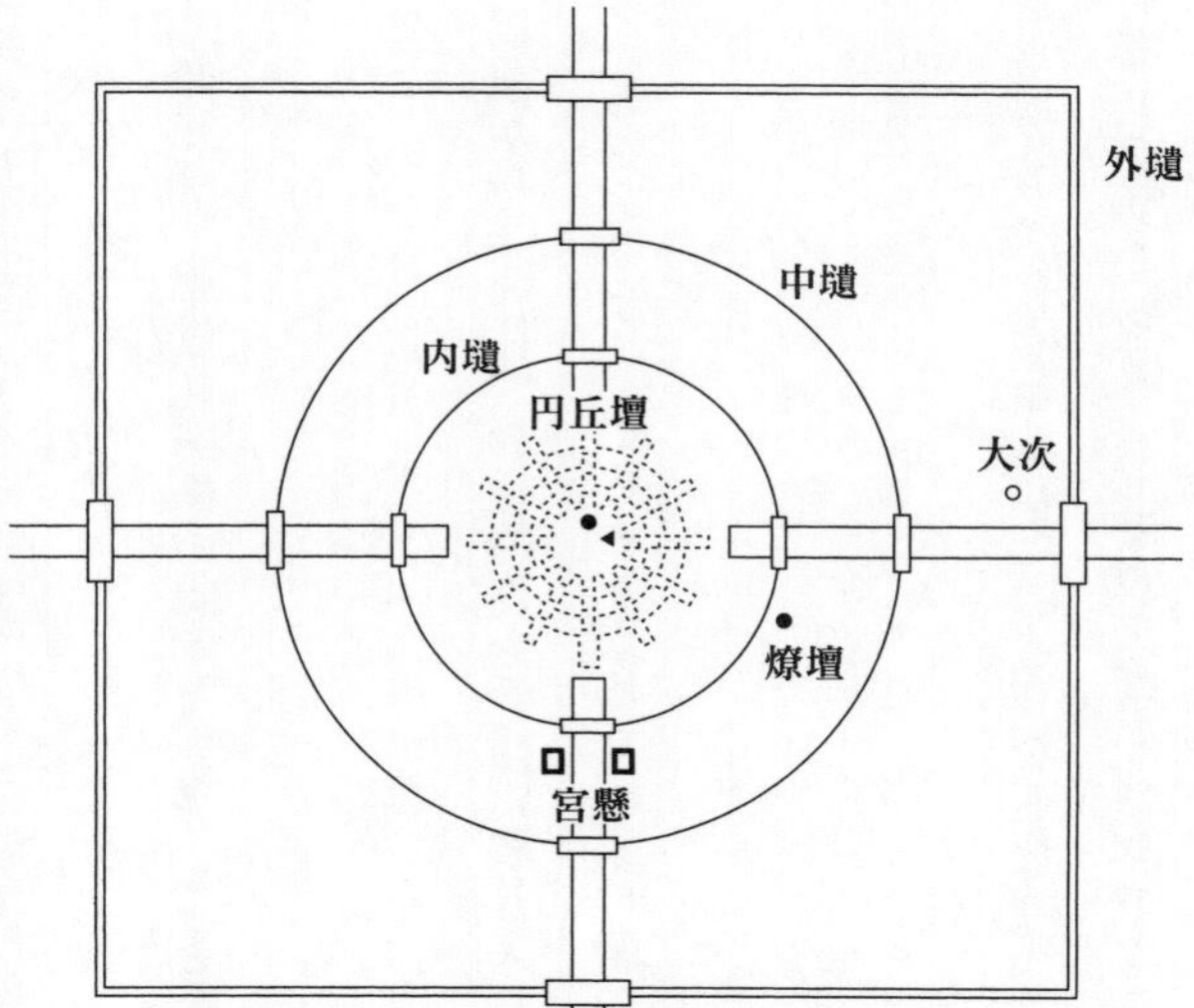

唐長安円丘概念図（渡辺信一郎『中国古代の王権と天下秩序』校倉書房、二〇〇三年より）

『礼記注』が選ばれている。また、律令《りつりょう》編纂と並行して儀礼書も太宗のときにつくられる。現存するのは、その一〇〇年後の玄宗▲の時代にできあがった『開《かい》元礼《げんれい》』▲である。これは散佚《さんいつ》した『開元令』の儀礼関係の規定と表裏一体をなすものであったとされる。

玄宗はこのほか、『周礼』にもとづいた官制整理を志し、『唐六典《とうりくてん》』▲を作成させる。実際の官制はすでにそれ以前から『周礼』の仕組みを骨格に取り入れていたが、『唐六典』はそれをさらに理念化した。このときが周礼国家の絶頂であった。

東アジア世界のなかで

漢から唐にかけての時期は、周辺で中国を模範とした国造りが進む時代でもあった。遊牧系国家を除いて、東アジア世界には王権のグローバル・スタンダードが浸透していった。

朝鮮半島にあった高句麗《こうくり》▲・百済《くだら》▲・新羅《しらぎ》▲の三国は、いずれも中国の王権を模した国制を定めて領域内の統合をはかった。経学の基礎的な摂取が進み、その成

▼玄宗（在位七一二～七五六）　唐の第六代皇帝。本名は李隆基。治世初期には開元の治と呼ばれる安定した政治をおこなったが、晩年は寵姫（楊貴妃）におぼれ、寵臣（李林甫・安禄山・楊国忠ら）に政治をまかせて国を破滅させた。

▼『開元礼』　玄宗が命じて学者たちにつくらせた諸儀式集成。『大唐開元礼』ともいう。

▼『唐六典』　玄宗が命じてつくらせた行政法典。『周礼』に倣って官僚組織を整然と配置し、それらの職掌を記す。『大唐六典』ともいう。

▼高句麗・百済・新羅　いずれも西暦四世紀ころより朝鮮半島にあった王国。やがて唐の支援を受けた新羅が勝利し、半島を統一する。

果は百済から倭《わ》(日本)に移出されている。半島統一後、新羅は強固な国造りをめざして唐から積極的に学ぶ政策をとり、官名・地名から人名にいたる固有名詞を中国風に改めている。当時の朝鮮にとっては、いわゆる民族主義的独自性の自覚よりは、文明社会に向けての脱皮がめざされていたことがわかる。つぎの高麗《こうらい》▲王国時代には王による郊祀《こうし》儀礼がおこなわれ、周礼国家を模した王権が構築される。

日本では、まさに「倭」が「日本」に生まれ変わる時期、西暦八世紀の初頭に、律令のなかに王権祭祀を規定することになった。もちろん、それ以前の日本には郊祀も宗廟《そうびょう》もない。そこで律令では既存の伊勢神宮《いせじんぐう》を宗廟に相当するものとして読み替える措置にでた。天皇家の始祖としての天照大神《あまてらすおおみかみ》の権威がこうして法的に確立し、実施されることのない郊祀のかわりに天皇の正統性を支える機能をはたした。

逆にいって、郊祀を新たに導入しようとする動きがあった場合、それは天照大神を祭る「宗廟」の権威をこえる権威を、王権の正統化のために必要としていた可能性がある。そして、実際に郊祀を実践したのは、桓武《かんむ》天皇であった。

▼**高麗**(九一八〜一三九二年)　新羅衰亡のあとを受け、高句麗の系譜を引くとする王建が興した王朝。十世紀以降は遼と宋のどちらに朝貢するかの駆引きが続いた。仏教を保護し、高麗版大蔵経の印刷事業をおこなう。陸続きの遼や金による侵攻にたびたび苦しめられ、元にたいしては属国となった。元と明とどちらにつくかで国論が分裂、親明派の李成桂(七二頁参照)に簒奪される。

▼**唐風**　九世紀の朝廷を特色づける用語で、国風の反意語。ただし、十世紀以降のいわゆる国風文化がはたしてどれだけ純粋に日本的だったといえるのか、再検討が必要である。

光仁《こうにん》天皇の皇子として、実質的な新王朝の二代目であり、かつ、光仁天皇が従来の奈良朝の天皇家から皇后をむかえて即位したのと違って、そうした支えをもたない桓武天皇にとって、郊祀の実施は新しい王権理論の導入をもくろむものだったのかもしれない。最澄《さいちょう》や空海、そして彼らの後継者たちが当時最新式の仏教をもたらしたこともあって、このあとしばらく京都の朝廷は唐風《とうふう》▲の政治文化に染まっていく。

しかし、日本の貴族たちは朝廷儀礼や冠婚葬祭について、用語や意義づけに儒教の教説を採用したにとどまった。彼らは唐風を知識として知っていたにせよ、その実践的受容はしなかった。それを「自分たちの独自性を意識していたので意図的に拒絶した」とみなすのは、近代のナショナリズムを過去に投影する誤解でしかない。律令の作成者たちは、唐の礼制を導入したくても、自分たちの国が現実にはとてもそういう状況ではないと考えたのである。中国と日本との本質的な相違ゆえというよりは、グローバル・スタンダード導入には時期尚早との政治的判断による選択なのであった。

菅原道真《すがわらのみちざね》の遣唐使廃止建白も日本文化への自信が生んだわけではない。唐

●―宇治平等院鳳凰堂

●―天台山国清寺大雄宝殿

●―円覚寺舎利殿　国風文化のなかから上段の鳳凰堂のような寺院建築が生まれる。だが、この平等院をつくらせた藤原頼通の護持僧成尋(じょうじん)が宋にわたって天台山・五台山に詣でるなど、日中の交流は続いていた。鎌倉時代になると宋の様式による禅宗寺院が流行した。グローバル・スタンダードとしての中国の地位はゆらいでいない。

の衰退によりすでに五〇年間途絶していた遣唐使に道真が任命されたのは、藤原氏側の道真追放戦略の一環であった。政治学についても仏教学についても、唐から学ぶべきことは一通り学びつくしていた。いわゆる国風《こくふう》文化の時期は、中国に強大な王権や新しい儒教・仏教の展開がみられなかったことに対応している。

しかし、この時期も、男性貴族による公文書や日記は漢文で書かれ、たがいの交際には漢詩が交換された。かな文化の重要性を否定するつもりはないが、この時点でそれは女性がかかわってはじめて生じるジェンダー的なサブカルチャーであり、これを過度に美化することは日本の伝統文化の曲解につながる。このころの唐と日本の関係は近代的な意味での対等な国家間関係ではなかった。そもそもそうした国際関係についての思考法自体が存在していなかった。安易なナショナリズムに便乗しないためにも、近代になってつくられた物語から解放された立場で、この時期の東アジアを俯瞰《ふかん》してみる姿勢が今後ますます重要になってくるだろう。

③—礼教の浸透

朱子学登場の意義

西暦九〇七年、ついに大唐帝国が滅亡する。その七〇年後、華北の宋《そう》▲王朝がふたたび南北中国の統合に成功し、唐を模範とした国造りを進める。しかし、社会・経済の状況は玄宗皇帝の時代とは大きく異なっていた。国内的にその現実を受け入れ、対外的にはやはり唐の継承者として振る舞う北方の契丹《きったん》(遼《りょう》)▲との対抗関係のなかで、宋の人たちは新たな理念の構築へと向かう。儒教においてそれは朱子学となって結実する。

宋建国八〇年後の西暦十一世紀半ばに始まる新潮流が、十二世紀末の朱熹の活躍をへて一二四一年の朱子学公認にいたる経緯は、私自身すでに別の機会に詳しく述べてきた。紙数の関係もあり、ここでは簡単に要点のみを箇条書きで紹介する。

(1)王権理論の変質。緯書の権威や五徳終始説が否定され、封禅《ほうぜん》や禅譲《ぜんじょう》の理論的根拠が失われた。かわって、天に由来する理が、この世のすべての物事を

▼**宋**(北宋九六〇～一一二七年、南宋一一二七～一二七六年)　五代最後の後周から禅譲を受けて成立。開封(河南省)に都をおく。途中、靖康の変によって領土の半分を失い、杭州(臨安、浙江省)に遷都して存続する。一二七六年の臨安陥落後、亡命政権が三年間続いたため、滅亡を一二七九年とする説もある。

▼**遼**(九〇七～一一二五年)　遊牧民族である契丹族が立てた王朝。契丹を正式な国号としていた時期もある。唐の後継者として振る舞い、宋と対立したが、一〇〇四年に講和して友好関係を続けた。最後は宋と新興の金に挟撃されて亡びる。

貫通する原理・道理・真理として尊重される。

(2) 経学における四書の重視。それまでの五経体制に加えて、より重要な経書として『大学』『中庸』『論語』『孟子』の四書が尊重される。『大学』『中庸』は『礼記』の篇を独立させたものだったが、『孟子』ははじめて経書の仲間入りをした。ただし、その革命思想は封印・無害化された。

(3) 科挙官僚層の支配。世襲貴族にかわって、個人的学力によって任官資格をえる官僚たちが士大夫・読書人として政治や文化を領導した。彼らは禅仏教に倣って儒教に精神性を導入し、自己修養の具、内面的境地の表現として文学・芸術と儒教学術との一体化をはかった。

(4) 宗族《そうぞく》の形成。自然発生的な同族組織ではなく、自覚的に儒教理論によって統合された男系血縁組織が構築され、古典の用語をもって「宗族」と呼ばれた。宗族内部の秩序は礼によって統制された。これにより礼教秩序が幅広い社会階層に浸透していった。

(5) 政治統合の新たな形態。以上の四点を受けて、王朝国家体制を支えるものとして基層社会がいっそう重視されるようになり、下から積み上げるかたちもしくは同心円的に拡がる秩序理論が洗練された。それは同時に皇帝への一極集中の度合を強める側面もおびていた。

（とくに⑸の面が紆余曲折はありながらも、あとに続く元《げん》▲・明《みん》▲・清《しん》▲の諸王朝でも踏襲され、中国内部における支配理念として機能しつづけたというのが、私の理解である（元や清が漢族以外を統治する場合の理論は、これとは別）。これら諸王朝が、金《きん》▲も含めてどれ一つとして禅譲による王朝交替ではないことに、王権理論や政治秩序のあり方における宋以前との大きな断絶が読み取れる。

だが、清末に西洋思想が紹介され、その論理にそって中国の現状を語る場合に、この時期の中国についてあい反する二つの像、政治的に統合の度合が弱いという像と、強力な中央集権的皇帝専制支配が貫徹しているという像とが共存することになった。その理由は、⑸の理解の仕方にかかっていると思う。本書では少し詳しくその話をしておこう。

専制社会か自由放任か

十九世紀ヨーロッパで主流となった理論で中国史の流れをみた場合、中国は

▼元（一二〇六～一三六八年）　モンゴル（蒙古）族が立てた王朝で、世界帝国として発展。中国統治のため一二七一年に『易』にもとづいて「大元」という国号を定める。ほかの諸地域でと同様、中国においても在地社会の仕組みや文化を統治に有効に活用した。

▼明（一三六八～一六四四年）　元末の群雄の一人呉王朱元璋が、南京（江蘇省）で自ら皇帝に即位し国号を「大明」と定めて創立した王朝。のち北京に遷都。農民反乱軍の北京攻略で滅亡する。

▼清（一六一六～一九一二年）　満洲族が立てた王朝。当初は金の後継者を称し、一六三六年に国号を「大清」と改称。明の滅亡に乗じて中国本土に侵入した。辛亥革命により帝国統治権を中華民国に委譲し亡びた。

▼金（一一一五～一二三四年）　女真族が立てた王朝。宋とともに遼を挟撃、のち宋の違約を責めて華北を占領統治した。南宋と何度か戦火をまじえたが、最後は北方に興隆した蒙古に亡ぼされる。

秦の統一以来、皇帝一人が万民に君臨する専制政治がおこなわれていたことになる。そこには西欧のような議会も社団もない（商業ギルドに相当する組織があることは古くから気づかれ、またその後の実証的歴史研究でもその機能が解明されているが、今は問わない）。しかし、国の隅々まで皇帝の威令が届いているかというとそうではなく、各人の行動様式や行為規範は官僚機構とはほとんど関わりなく選択されている。その意味では帝国には自由があふれている。「専制と自由」を二項対立図式でみようとすると、この矛盾に悩まされることになる。しかし、そもそも東アジアの思想伝統では、専制と自由は二律背反しない。正確には、そうした軸を立てて思考しない。そこで問われたのはつねに礼の有無であった。

宋代の新しい儒教思潮の、それ以前の儒教と比較したときの最大の歴史的使命は、仏教・道教をも包摂した普遍的教義への脱皮であった。言い換えれば、三教並存から三教合一への動きである。

唐以前にも三教を融和させようとする考え方はあった。儒教側からだけでなく仏教・道教の側からも、あるいはそもそもどの教からというのでもなく、すべての教は本来一致するという説き方はなされていた。しかし、それらは三教が現に存在することを前提としたうえで、メタレベルでそれらを統合する大目的を立てるかたちの理論構成をとっていた。ところが、宋代以降の三教一致論の特質として、儒教の世界像や倫理道徳観を基礎として、そのなかに仏教・道教や民間の信仰・習俗を包摂していこうとする傾向がみられる。もちろん、個々の論者によってその具体像は異なり、儒教一尊主義的な者から礼教批判論者まで多様である。しかし、彼らに共通してうかがえるのは、社会を一元的に統合する原理を打ち立てようとする、いわば普遍化への志向であった。多様性を前提にして構成員間の相違や衝突を最小限に抑えるべく努力するのではなく、原理原則的に全体の調和を本質的なあり方として追い求めるのである。

例えば、朱子学では個々人の差異を天理と人欲の割合で説明する。聖人は百パーセント完全に天理のみで人欲はなく、極悪非道の大悪人は天理＝良心のひとかけらもない。その中間に、天理と人欲の割合を千差万別に違える人びとがいる。ただし、人は本来的には天理を備えるべく生まれており、この点が禽《きん》獣《じゅう》との決定的な相違点である。努力すればだれでも天理の割合をふやせる。極悪非道の大悪人さえも、人である以上は自己の誤りに気がつけば人欲を減らし天理をますことができる。逆に、聖人が天理のみであるといっても、それはなにも努力せずにそうなったわけではない。古来の修養法に従って人格陶冶に努めた結果として、聖人になっているのだ。ただし、他方で自然に聖人として生まれた人物という範疇も認めている。あとでふれる孔子の場合について、この点が曖昧さを残している。「聖人学んで至るべし」。朱子学ではこれを標語として掲げる。

明代の陽明学《ようめいがく》▲になると、さらに直截的である。「満街聖人《まんがいせいじん》」、すなわち道行く人はみな聖人だというのだ。陽明学のなかには、今のありのままの姿が天理の現れで、修養などという人為的なさかしらは必要ないと説く流派も生じてくる。三教一致の潮流に乗って、儒教の教説を相対化する考え方もでてくる。とりわけ十六世紀後半から十七世紀前半の明末期にそれが顕著で、清の人たちからは「礼教の瓦解」と批判され、近代になってから「人間解放の思想」と賞賛されることになる。

朱子学にしろ陽明学にしろ、「人間はみな同じ」という前提に立っているの

▼陽明学　明の王守仁(号は陽明、一四七二～一五二八)が樹立した教説。朱子学が性と心とを区別することに反対し、概念的・分析的知識よりも日常倫理に直結する人格陶冶を重視した。

王守仁

が重要である。それは人の生まれつきの平等を説く近代ヨーロッパの思想とつうじるところがあり、それゆえ中国における近代的思惟の自生的発展として評価する見解もあるわけだ。

たしかに、人を生まれつきで差別化していた魏《ぎ》晋南北朝時代の貴族制の人間観とは大きな相違である。その典型が孔子で、彼は「玄聖素王《げんせいそおう》」ではなく「万世師表《ばんせいしひょう》(永遠の教師)」となった。だれもが孔子に倣えば人格者になれるというわけである。

前に紹介した「克己復礼《こっきふくれい》」の解釈もそれに応じて変化する。朱熹は宋代において先行する学者たちの説を汲んだうえで、この句は「おのれに勝ちて礼に返る」ことだとした。孔子が顔淵にたいして、聖人になるための修養の要点を論したと解するのである。ここでの孔子はもはや政治的な王ではない。万人に普遍的に妥当する人間論を説いた真理の会得者である。聖人とは王ではなく人格者のことになった。だからこそ、学んで至れるし、満街聖人なのである。

この人間観は、時代や地域や環境の相違にかかわらず、あらゆる男性にあてはまる「正しさ」があるという前提に立っている(今わざわざ「男性」といったのは、やはりジェンダー問題は朱子学以降の儒教でも盲点だからである）。そこでは思想信条の多様性という意味での「自由」は認められていない。朱子学者は朱子学の、陽明学者は陽明学の、しかも自分がそうみなしている表象どおりのその教説の、そして、ほかの三教一致論などを奉じる者たちは彼らなりの、教説の普遍性を信奉する。

ここには、見解の対立は対立として認めたうえで話し合いによる妥協点を模索し、たがいに住みよい社会をつくっていこうという志向はない。議会や社団がないのは、必要が意識されてこなかったからである。完璧な聖人である皇帝のもと、帝国の秩序は一元的に構築されている。議会や社団が皇帝の恣意を掣《せい》肘《ちゅう》するということはない。もちろん、生身の皇帝がそんな人格者でないことは、官僚たちのほとんどがわかっていただろうが、あくまで虚構として理念的には、天命の保持者である以上、皇帝はそうでなければならないとみなされた。あらゆる法は、究極的には皇帝の意思として発布・施行される。

その帝国の秩序を大きく逸脱しない範囲で、人びとがどのように振る舞おうとそれは当人の「自由」である。ただし、それは自分が聖人から遠く離れた存在、未完成の人格者であることを対人的に表明してしまうという代償のうえに立った「自由」にすぎない。どう振る舞っても法的・制度的に不利益をこうむらないという意味での「自由」ではないのだ。例えば、ある訴訟に巻き込まれた場合に、裁判官（多くの場合、儒教理念を信奉する行政官僚でもある）から人格的に好印象をもたれる人物のほうが、有利な判決をえやすい。「法のもとの平等」はここには存在しない。礼規範にどれだけかなっているかという割合、すなわち天理・人欲座標でどれだけ天理の側に近いかという基準で、すべての人びとが序列化される。

こうした序列化の頂点に立つのが聖人としての皇帝であった。郊祀《こうし》は、その皇帝が天地万物の秩序や消長をつかさどる存在であることを、確認し象徴する儀礼という位置づけになって存続した。宗廟《そうびょう》儀礼は、天命を継承した祖先に感謝する儀礼であるとともに、帝国の全宗族の模範としての皇帝一族の家庭祭祀でもあった。唐までの皇帝にどれほど「家長としてしもじもの模範になろう」という意識があったかはあやしい。しかし、朱子学的王権において、皇帝は人びとに教えをたれる教師でもあり、自分が率先して家族内の調和を保たなければならなかった。兄殺しの罪科をもつ唐太宗は、政治家としていかに名君であろうとも批判された。明の太祖が発布した「六諭《りくゆ》」は、人びとの日常生活を規制する倫理的訓戒として儀礼の場において繰り返し宣布され、「教師としての君主」の存在を民衆にたいして示す役割をはたした。

陽明学の聖人観が朱子学と異なることを示す例としてよく引合いに出される、つぎのような王守仁の発言がある。「尭舜《ぎょうしゅん》は一万の重さの黄金、孔子は九千の重さ、凡人は一両。だが、純粋な金という点ではたがいに遜色はない」、と。人びとの器量に応じて天理・人欲座標のスケールを変え、だれもが聖人でありうると強調することに彼の意図があるわけだが、器量の大きさの違いはすでに前提されてしまっている。見方を変えれば、尭舜の黄金はやはり巨大なのだ。

以上、長々と述べてきたが、これで前述した(5)の意味がわかってもらえただろうか。中国の皇帝制秩序は礼による統治、すなわち礼治システムであった。だからこそ、西洋流儀の政治学の目からは「専制なのに自由」という一見奇妙なことになるのである。

▼明の太祖（在位一三六八～九八）　本名は朱元璋。農民の子として生まれたが、やがて頭角をあらわして明の皇帝に即位。強権によって理念的政治秩序を構築し、明王朝の制度を定めた。

▼六諭　親孝行や近隣友誼を六箇条にわたって説いた訓戒。のち清では一六条に拡張される。「朕おもうに」という書き出しをはじめとして、明治時代の教育勅語の形式上のモデルとなった。

▼欧陽脩（一〇〇七～七二）　北宋中期の科挙官僚。政治改革にたずさわったほか、文体改革、考古資料の整理、儒教経学の新風など多方面にわたって活躍した。

欧陽脩

▼『太常因革礼』　欧陽脩が責任者となって編集された儀礼行為の記録集。太常とは礼を管掌する官庁のこと。北宋前半の国家儀式の沿革(＝因革)を知るための貴重な史料である。

▼王安石(一〇二一〜八六)　いわゆる新法政策を推進した科挙官僚。欧陽脩同様、文学面・思想面でも大きな業績を残した。朱子学は反対派の系譜を引くため、近世東アジアではどこでも、彼の評判は悪い。

礼典の編纂

宋ではじめ唐の『開元礼』を模して、やはり年号にちなんで『開宝礼《かいほうれい》』と名づけられた礼典を編纂した。現存しないため詳細は不明だが、ほかの文献の記述から察するに、ほとんど『開元礼』の内容を踏襲したものであったようだ。

ところが、十一世紀半ばの転換を受けて、新しい礼典をつくろうとする動きがわき起こる。当時のあらゆる文化事象に顔を出す中心人物欧陽脩《おうようしゅう》▲が、ここでも主役であった。ただ、この時点ではまだ体系的な書物にはならず、唐制と異なる宋独自の前例を集中的に記録したかたちの書籍が編まれた。『太常因革《たいじょういんかく》礼《れい》』▲という。

十一世紀後半の王安石《おうあんせき》▲の新法政策は国制全般にわたるものだった。礼制についても全面的な改定が進み、とくに郊祀については王莽《おうもう》以来ともいえる質的な変更があった。天帝と地祇《ちぎ》とを切り離し、別個の祭祀としたのである。これは天帝と皇帝の関係が、それまでの孝を紐帯《ちゅうたい》とするものから、理をとおしてつながるものへと変質したことを象徴的に示している。また、宗廟儀礼においては、王安石自身によって皇室の始祖とされる人物の変更が建議された。ここには、

▼**徽宗**(在位一一〇〇～二五) 北宋第八代皇帝、本名は趙佶(ちょうきつ)。兄の若死によって急遽即位。文化的に時代をリードする才能に恵まれていたが、外交問題で失敗し靖康の変をまねく。金に拉致幽閉されて死去。絵は徽宗の「五色鸚鵡図」。

▼**蔡京**(一〇四七～一一二六) 北宋末期の科挙官僚で王安石の後継者。徽宗の宰相として新法政策を続行。書に優れ一流の文化人であった。金軍侵入の責任を問われて処刑される。

漢代以来の王朝創業者を尊重する気風から、皇室一族の私的な祖先を優遇する志向への転換がみられる。現皇帝は最初の受命者の媒介なしに、直接天帝と向き合うことができると考えられるようになっていた。

新しい礼制を書物として定着させるため、『開元礼』にかわる典範として徽《き》宗《そう》▲・蔡京《さいけい》▲政権は『政和五礼新儀《せいわごれいしんぎ》』▲を編纂する。そこには一般には儒教の枠内とはみなされない、いくつかの方術的な祭祀も規定されている。そうしたたぐいの儀礼が唐以前に存在しなかったわけではないけれども、儒教の制度を記すべき礼典からは排除されてきた。ところが、『政和五礼新儀』はあらゆる国家儀礼を包摂して徽宗王権のもとに一元的に位置づけようとする。

北宋は徽宗・蔡京政権の対外政策の失敗により結果として崩壊するため、この方向がそのまま継承されることはなく、むしろ逆に儒教の純粋化をはかる朱子学路線が勝利をおさめ、明代初期の『大明集礼《だいみんしゅうれい》』▲に結実する。明の王権はモンゴル帝国にかわって東アジア秩序の中心となったため、その王権理論や礼制は、本書最後に述べるように朝鮮・ベトナム・日本に極めて大きな影響をおよぼした。明にかわって中国を統治した清は、国家礼制上も明のものを踏襲する。郊祀と宗廟を頂点とする壮大な国家祭祀の体系は、朱子学による理論的裏付けをえながら、二十世紀にいたるまで継承されていく。

理としての礼、事としての礼

朱子学の礼論をひとことで表現するならば、理としての礼と事としての礼の二層構造ということになろう。

礼を理論的な説明と実践的な所作とに二分する思考自体は、古くからあった。しかし、この二分法を二つの層として積極的にとらえ、思想体系全体のなかにしかるべく位置づけることで社会秩序の起源を説明しようとする試みは、朱子学において顕著となる。

ここでみたび「克己復礼」を取り上げよう。旧来の注釈、何晏《かあん》・皇侃《おうがん》たちの場合には、ここの礼とは個別具体的な礼式であった。実際、この箇所についてではないにしろ、礼と同音の文字を利用して、「礼とは履(ふむ)である」とする解釈があった。礼は履行すべきもの、「ふみおこなうべき規則」であった。つまりは貴族制社会において貴族の一員であることを周囲に認めてもらうため

▼『**政和五礼新儀**』　政和は徽宗の年号(一一一一～一八年)。五礼は四二頁の吉凶軍賓嘉。その詳細な式次第(＝儀注)を記述した書物である。徽宗政府が礼治にたいしてもってい た理念をうかがうことができる史料。

▼『**大明集礼**』　明の太祖が命じて編纂させた諸儀式の儀注を規定した書物。『開元礼』や『政和五礼新儀』と比較してみると、例えば郊祀の祭神や方法などに、朱子学的な特質が顕著である。清代にも基本的にはこのやり方を踏襲している。

の外形的な行為規範だったのである。そこに宇宙論的な拡がりはない。

ところが、宋代の新しい注釈者たちは、この礼を理の次元でとらえる。礼と理というこの二つの字も同音なので、「礼は理である」とする訓詁《くんこ》も以前から存在した。ただ、その場合の「理」はまだ宇宙論的な拡がりをもたされる以前の、「個々のものごとのすじめ」という程度の用法であった。個々のものごとの次元にではなく、普遍的な観念として「理」が思想の根幹にすえられた宋代には、同じ「礼は理である」が別様の意義をもちはじめる。「克己復礼」がたんに具体的な所作の次元ではなく、世の中の道理の次元でとらえられるようになるからだ。「自己の私欲に打ち勝つことによって、宇宙の根源的な道理に立ち返ること」。朱熹の先輩学者たちは、この句をそう解釈していた。

朱熹はこれに異論を唱える。孔子は「復理」ではなく「復礼」といっている。「礼は天理の具体的な現れであって、天理そのものではない」と。

礼が理にもとづいていることは朱熹も認める。それは性善説に立って本来内在している天理を発揮して聖人になることを人格修養の目標にすえる以上、当然であった。礼は後天的・人為的ではなく、先天的・自然的でなくてはならない。礼は理の一部をなす。

しかし、と朱熹は論じる。礼は理そのものではない。個々の礼式は、理としての礼にもとづいて、だれかが具体的に定めなければならない。例えば、『儀礼』にみえる冠婚葬祭の所作は、周公がこのようにして決めた、周の礼式である。その大枠は普遍的な理にもとづく以上、時をこえて変わらないものだが、具体的な所作は可変的である。そうした個別具体的な事柄としての礼をきちんとふまえていくことによってはじめて、人は聖人になりうるのだ。孔子が「克己復礼」と発話したことの意味はそこにある、と。克己さえできればすべて問題は解決するとみなす同志たちの安易な風潮にたいして、朱熹はあえて警鐘を鳴らしたのであった。

それは内心と外形のどちらを重んじるかという問題とも連絡していた。貴族制時代の空疎な礼式が、貴族たち自身を含めて仏教・道教の信仰に走らせたことを反省して、宋代の儒教では内心重視の路線が主流となる。朱熹も基本的にはその立場だった。だが、その一方で、彼は個別具体的な礼式のかたちを考究・実践することをつうじて、内面陶冶をはかった。『家礼《かれい》』▲という冠婚葬祭

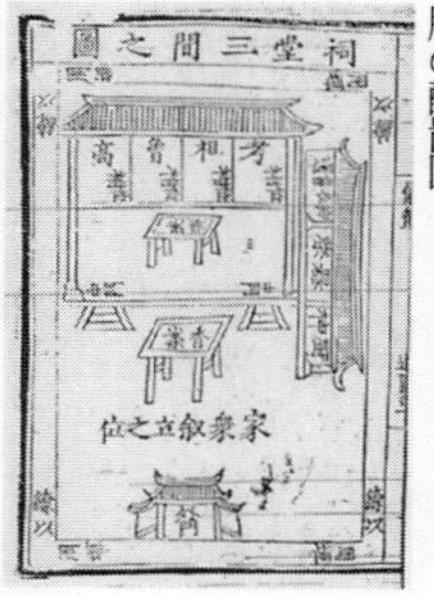

▼**『家礼』** 冠婚葬祭の儀注。朱熹(文公)の著として『朱子家礼』『文公家礼』とも呼ばれるが、古来偽作説もある。中国はもとより、朝鮮をはじめほかの東アジア諸地域でも流行したが、日本では沖縄を除き普及しなかった。図は明の丘濬(きゅうしゅん)『家礼儀節』所載の祖先の位牌の配置図。

マニュアルを編集し、『儀礼』の精神を活かした新たな礼式を定める。また、『儀礼経伝通解《ぎらいけいでんつうかい》』▲という礼式の体系を編纂する。そこで参照・引用されたのは、鄭玄《じょうげん》・孔穎達《くようだつ》の注釈であった。

朱熹における理としての礼と事としての礼との、この危うい統合は、その微妙な均衡がどちらかに片寄ることによって二様の展開をとげていく。一つは、宋代の学者たちの多くが説いていた、理・内心の重視。明代の陽明学において、それはいっそうの展開をはたす。前述したように、礼教という大枠そのものからも逸脱しかねない勢いを、この流派はもつようになる。

陽明学が外形としての事の面を軽視したわけではない。王守仁やその門流たちは、郷約《きょうやく》▲の熱心な推進者でもあった。彼らも礼を外形をともなったものとして考えており、たんなる精神主義者ではなかった。ただ、陽明学が批判対象としたのが形骸化した朱子学流の行為規範であったために、部外者・対立者からは内心重視に偏ったものとしてみられることになる。

その典型が、清朝考証学からの見方ということになろう。考証学者たちは、陽明学に朱子学をもあわせたかたちで、その理・内心を偏重する姿勢を批判し、

▼『儀礼経伝通解』　『儀礼』の構成を骨格として礼全般にわたる経書・古典の記載を集大成した書物。朱熹最晩年の事業だったが中途で没したため、弟子たちが作業を引き継ぎ完成させた。朱子学の独自色はあまりなく、漢代以来の礼学を踏襲した記述になっている。

▼郷約　宋代以来、在地基層社会の秩序単位として儒者たちが推奨してきた地縁的組織。倫理的・社会的規範の遵守を申し合わせ、違約者にたいしてときには懲戒を加えることで礼治システムを維持する働きをもつ。

●—婚礼の花轎

●—跪拝　左が跪、右が拝。人物の髪型は辮髪(七四頁参照)である。

中川忠英『清俗紀聞』より

事・外形重視の路線を復活させる。

考証学の姿勢は「礼をもって理に置き換える（以礼代理）」と表現される。あやふやな理（としての礼）ではなく、確実な（事としての）礼が考究された。「克己」についても、「おのれに勝つ」のではなく「おのれを調節統制する」方向の解釈が復活する。ただし、それはたんなる先祖帰りではなかった。そこには社会状況の変質を受けて、漢代はもとより、宋代とも様相を異にする問題に直面していた清代人の、欲望についての新しい見方が反映しているともいわれる。

皇侃の『論語義疏《ろんごぎそ》』が日本からもたらされたのは、まさにそうした時期であった。考証学者の多くがこれに飛びついた。しかし、彼らは決して皇侃の解釈に完全な同意はしなかった。清朝考証学者たちにとっては、「克己復礼」する主体は君主に限定できなかったからである。孔子は玄聖素王《げんせいそおう》でなく、清代でも万世師表だった。清代の礼教社会、礼治システムは、考証学の隆盛にもかかわらず、基本的には朱子学の枠組みのなかで機能していたのである。

宋代以降のこうした流れを、科挙官僚制の浸透ともあわせて、私個人は従来「規律と選別」の時代とみなし、これこそが近世の指標だとしてきた。ただ、より一般的な用語としては「紀律と選抜」と言い換えたほうがいいかもしれない。だれもが聖人になりうるといういわば平等的な人間観にもとづきながら、現実には階層性をもった社会となるのは、各人の自己紀律とそれに応じた選抜のなせることだとする理論。近世の礼治システムは、この考え方が広く受け入れられることによって成立していた。漢の高祖が宮廷儀礼に感動したり、王莽が王位簒奪《さんだつ》のために工夫を凝らしたりしていたころとは、まるで別様の思想文化的展開がなされていたのである。

▼**紀律と選抜**(disciplina et dilectus) 近代初期のヨーロッパにおいて、新ストア学派の興隆にともない一般化していったとされている概念。「自由と平等」に近代社会の理念を求めるのとは異なる見方を提示している点で、極めて注目される。

④—東アジアのなかの朱子学

優等生＝朝鮮

さて、周辺諸国への朱子学の伝播《でんぱ》と、各国なりの受容・再領有はいかなるものであったか。まずは朝鮮からみていこう。

新羅《しらぎ》衰退後の第二次三国時代の分裂混乱を収拾したのは高麗《こうらい》王国だった。高麗建国は唐の滅亡とほぼ同時であり、当初の国制は唐・新羅の古い型を残して形成された。やがて朱子学が伝播するが、全体には仏教の指導性が強く、思想界の主流派にはなりえなかった。本格的に儒教が定着するのは、つぎの朝鮮王国においてであった。

高麗最後の王から禅譲《ぜんじょう》されて即位した太祖李成桂《りせいけい》には、王権正統化のため明からも高麗の後継者であることを認めてもらう必要があった。君主交替の報告とあわせて、新たな国号として二つの案を出して、明の太祖に選定を求める。その結果が「朝鮮▲」であった。殷末の賢人箕子《きし》▲が東方に築いたとされる国の名称に由来する。

▼**朝鮮**（一三九二〜一九一〇年）　太祖（李成桂、在位一三九二〜九八）が立てた王朝。はじめは前王朝のまま高麗と号していたが、明に選んでもらった「朝鮮」を国号とする。明や清の皇帝にたいしてあくまでも「王」として仕えるかたちをとった。日清戦争後、自立の意思表示として「大韓帝国」と改称、その後日本に併合される。

▼**箕子**　伝説上の殷末の賢人。王族であったが暴政に見切りをつけて精神障害を装い、周王朝成立後に武王に帰順して朝鮮に封建されたという。『書経』の洪範篇を武王に説いたとされ、近世の朝鮮では孔子に先行する聖人として尊崇された。

▼鄭道伝（?～一三九八）　高麗末期・朝鮮初期の儒者官僚。科挙に合格し、内政外交で活躍。李成桂即位に功績があったが、王位継承をめぐる政争で殺害された。朱子学を尊崇して仏教を排撃し、朝鮮時代の思想文化の基礎を築いた。

▼世宗（在位一四一八～五〇）　朝鮮第四代の国王。国家の諸制度を確立安定させ、「世宗大王」と呼ばれる。独自の朝鮮文字（ハングル）を制定、「訓民正音」として公布した。

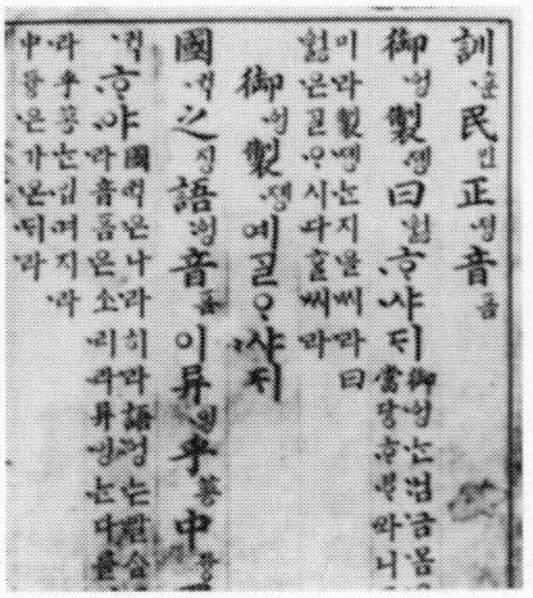

ハングル

太祖のブレーンとして簒奪《さんだつ》計画を練り上げた鄭道伝《ていどうでん》▲は、朱子学を信奉する学者官僚であった。彼の主導のもと、朝鮮王国は朱子学を国教とする統治体制を整備する。この趨勢は鄭道伝の失脚後も継承され、世宗《せそう》▲のときに完成の域に達する。だが、やがて朱子学を信奉する官僚たち同士のあいだで抗争が生じ、何層にも入り組んだ党争《とうそう》の歴史が始まる。それは朱子学解釈上の相違をもって色分けされる党派ではあったが、実際には地域閥の様相が強い。しかし、とにかく、この党争をつうじて、朱子学にもとづく礼制が上は王権儀礼から下は人びとの冠婚葬祭まで、朝鮮社会に根づいていった。それと同時に、高麗時代には国家教学であった仏教は、民間信仰とともに異端邪説として社会の辺境に押しやられ、朱子学を奉じる知識人たちからは蔑視された。日本の江戸時代との根本的相違はここにある。

元来、格物窮理を信条とする朱子学は広い意味での科学精神ももっていた。ただ、朱子学は近代西洋の科学を特徴づける実験重視の精神を欠いており、知識整理の仕方は精緻で体系的ではあったが、同時に極めて観念的だった。中国でもそうだが、朝鮮でも朱子学者のなかから実用的な自然科学的学問に取り組む人物が輩出する。そして、これは日本についてもいえることである。多くの蘭学者は朱子学的素養のうえに立ち、格物窮理のために西洋の知識体系を学んだのである。東アジアの伝統思想はすべて遅れたものだとみなす単純な近代化論は、歴史の事実に反する。

しかし、朝鮮の場合は、前述した党争もあって、朱子学が観念的・思弁的に解釈される傾向が主流を占めた。西洋や「文明開化」路線の日本との出会いは、いっときの日本以上に過剰な鎖国的反応をもたらした。「衛正斥邪《えいせいせきじゃ》▲」と呼ばれる朝鮮版攘夷運動は、かえって日本の侵略をよりいっそう助長していく。「迷妄な朝鮮を開化させるため」という名目のもとに。

ただし、朝鮮王国においてほど、朱子学の礼が社会に深く根づいた社会はなかった。本家中国でさえも、そうならなかった。明では民間の習俗を改変しきれず、そのジレンマが陽明学や三教一致運動を生んでいたし、清は社会の礼教化には成功したが、儒教が古来説いてきた礼制とは完全に矛盾する風俗を国家権力がしいていた。辮髪《べんぱつ》▲である。古来の礼制が想定する男子の髪型はこれになじまない。冠礼はこの政治的事情によって有名無実と化した。

▼衛正斥邪　正しい教え(朱子学)を護り、邪悪な教え(キリスト教に代表される西洋近代思想)の侵入を防ごうとする運動。十八世紀に清経由でキリスト教が伝わってきたころにその起源があるが、本格的な運動に発展するのは日本が侵入してからである。

▼辮髪　頭部の髪を剃り、一本に束ねて後ろにたらす髪型(六九頁の絵を参照)。もとは満州族の習俗で、清への忠誠心を示すものとして漢族全体に強要された。英語で「豚の尾(pigtail)」と呼ばれるように、近代西洋の視線からは纏足と並んで蔑視された。

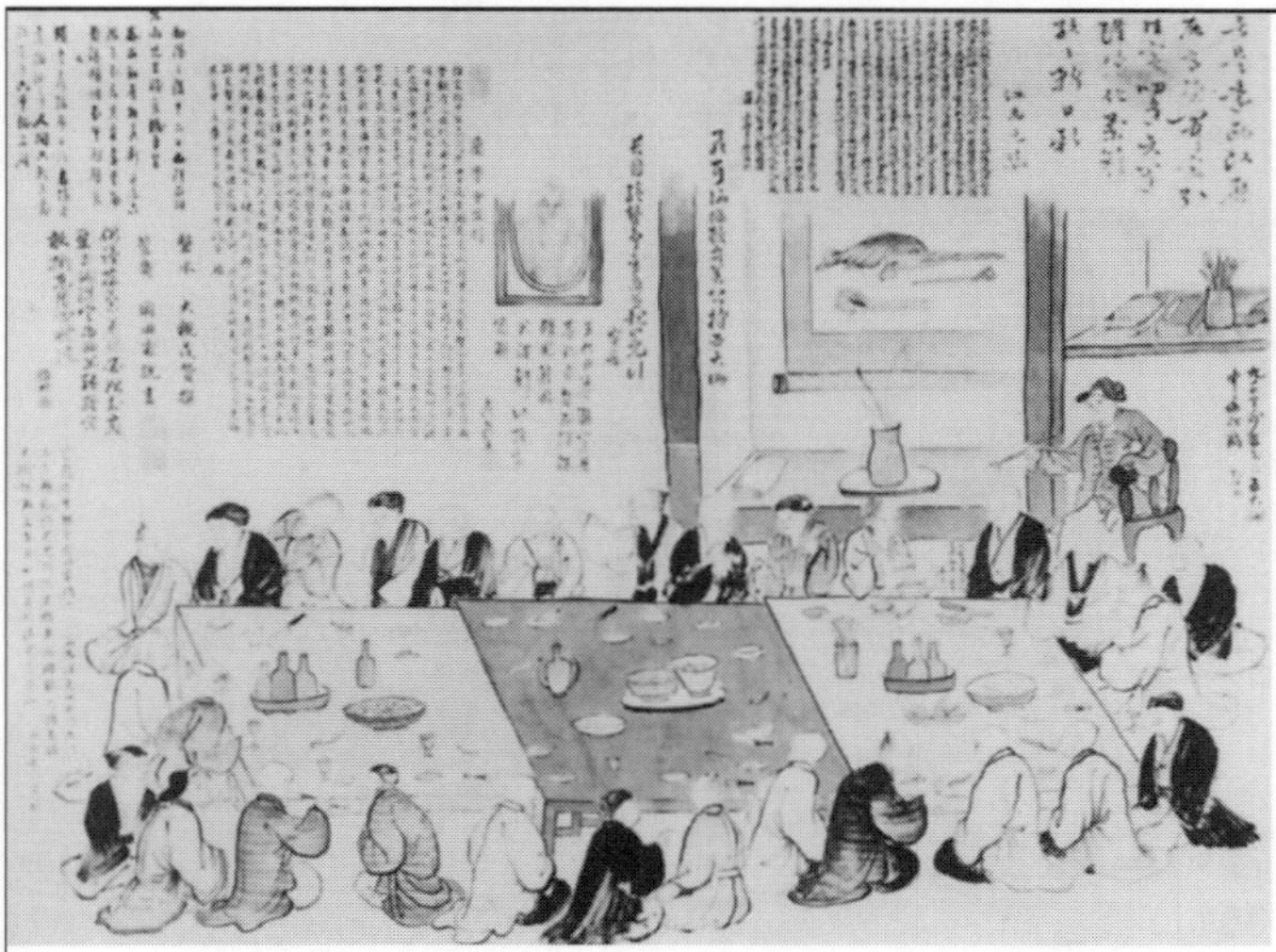

●――**オランダ正月の絵**（「芝蘭堂新元会図」）　余白には漢文すなわち中国語による詩文が書かれている。蘭学者にも漢学の素養があった。

●――**『礼記』の表紙に描かれた落書き**　地方の農民文人たちの姿で、江戸時代後半には彼らも儒教倫理の担い手になっていた。

これにたいして、朝鮮は朱子学の優等生だった。明が亡んでからは、辮髪する清を北狄《ほくてき》として内心で軽蔑し、中華の正統文化は自分のところが保存していると自負してその維持に努めた。

日清戦争後に清の朝貢国であることをやめると、それまでの「朝鮮国王」は晴れて「大韓帝国皇帝」として、日本に併合されるまでのわずか十数年間ではあったがソウルで郊祀《こうし》を執りおこなった。「日帝」のもとでは、南蛮西戎《なんばんせいじゅう》化したこの東夷による屈辱的支配に抵抗する原理として、朱子学が奉じられつづけた。現在も残る韓国・朝鮮社会の伝統的心性構造や慣習・倫理は、朝鮮王国時代につちかわれ、日本統治への反発という近代ナショナリズムによって再生産されてきたものである。

複合文明社会=ベトナム

朝鮮に比べて、同じく中国と地続きでも、ベトナム(越南)の儒教は違った役割を請け負った。それはベトナムの地理的位置や朱子学が受容されていく時期の国内外の情勢の相違と関係がある。朝鮮王国創立とほぼ同時期に黎利《れいり》▲が王位

▼**黎利**(在位一四二八〜三三)　黎朝安南王国の創設者。太祖。一四一八年に明からの自立を宣言、一進一退の攻防ののち東都河内(ハノイ)で即位した。国家の諸制度を明に倣って定め、朱子学を振興した。

●——清代の東アジア

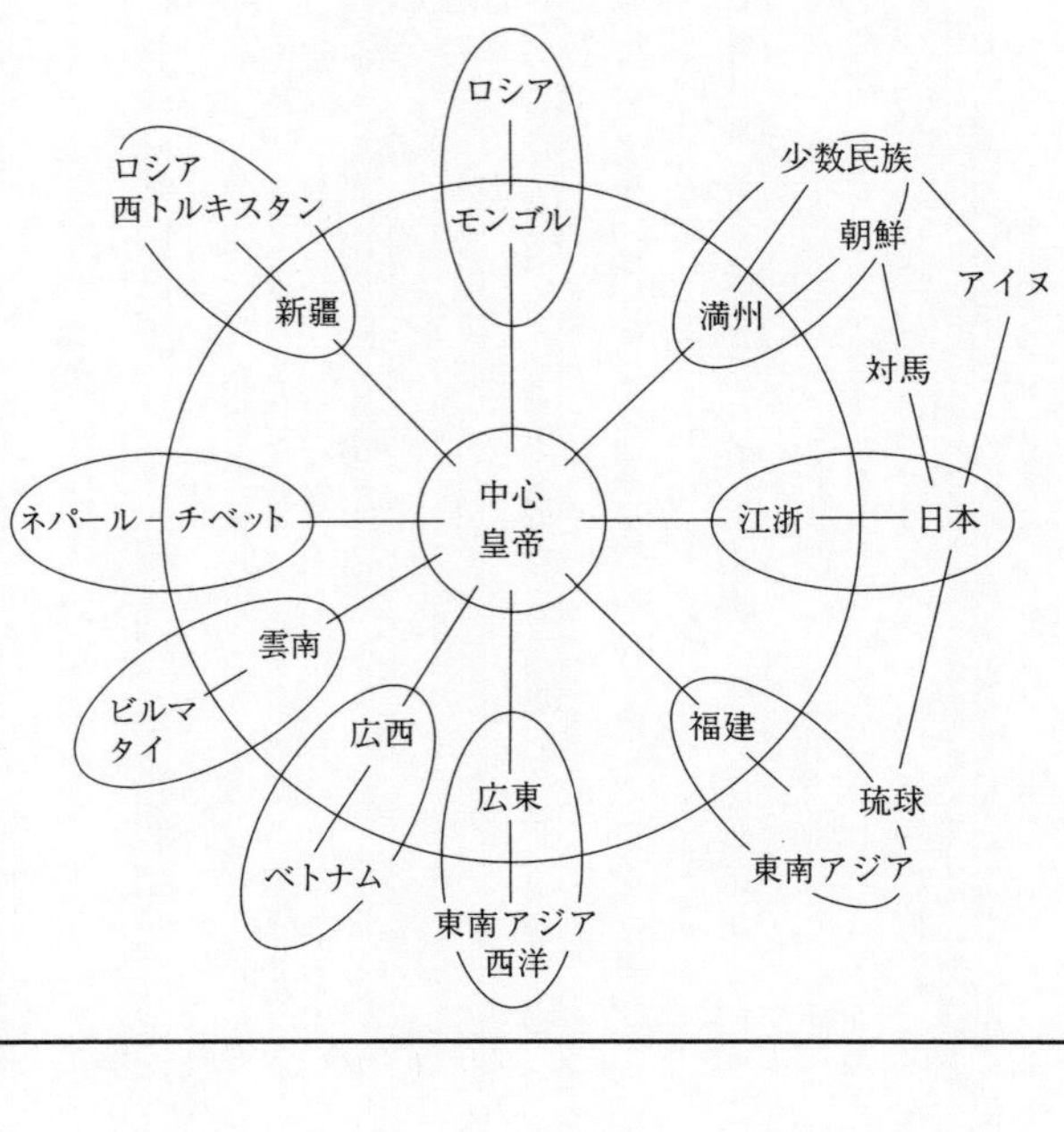

●——**中心＝周辺構造からみた清朝**（茂木敏夫『変容する近代東アジアの国際秩序』山川出版社、一九九七年より）

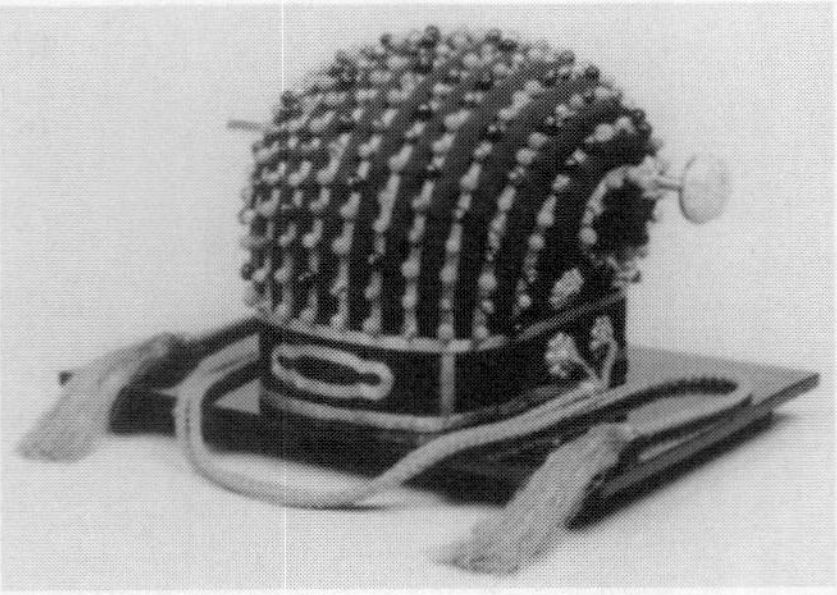

琉球王冠

▼阮福映（在位一八〇六～二〇）　阮朝越南王国の創設者。世祖。一七八〇年に嘉定（現在のホーチミン市）で王位に即き大越王と称した。その後一時亡命するが、フランスの援助をえ、清から王として認められ、一八〇二年に嘉隆という独自年号を立てた。一八〇六年には帝位に即く。

に即《つ》き、明から安南《あんなん》国王として認められた。ここでも朱子学の導入がはかられ、国制から地方の祭祀にいたるまで朱子学の論理が用いられた。しかし、国内での南北格差などの問題もあって均一的な浸透とはいかず、また、朝鮮より一〇〇年近く前から西洋列強の脅威にさらされ、十九世紀初頭にフランスの後押しをえて阮福映《げんふくえい》▲による革命が起こって越南《えつなん》王国が成立する。

その後、儒教はここでも西洋文明への対抗原理として作用する。だが、ここでは頑迷固陋な守旧派勢力としてではなく、西洋文明の優越性を学びつつ、解放・独立に向けた運動の精神的支柱として朱子学精神が作用した。タイやビルマ（ミャンマー）などとともに東南アジア文明の一角でもあって、朝鮮のように徹底的な礼教化が生じておらず、そうしたかたちとしての礼教とは別の次元で儒教についての表象をもちうる環境に、越南王国がおかれていたからである。

両属の国＝琉球

中国の史書に古くからみえる「琉求」は台湾を指すが、十四世紀になると今の沖縄本島が「琉球」として登場する。明では山北・中山・山南の三国にそれぞれ王号を送って朝貢国とした。やがて中山王が全島を統一すると「琉球国中山王」がその中国向け正式名称となる。「薩摩入り▲」のあと、中山王尚氏は薩摩藩をつうじて江戸の将軍に使節を派遣するとともに、北京にいる明・清の皇帝にも仕える両属状態となった。中国貿易の正式なルートを確保したい江戸や薩摩と、中継交易によって生き延びたい琉球との利害が一致した結果であった。

中山王の正装は、中国皇帝から許された「王」としての衣裳であった。

都の首里城に近い久米村(那覇市)には中国福建省出身とされる人びとの子孫が集住し、対中外交の任にあたった。そのなかには福建に留学して朱子学を学ぶ者もいた。『六諭衍義《りくゆえんぎ》』▲を持ち帰った程順則《ていじゅんそく》もその一人である。琉球には「門中」と呼ばれる親族組織があったが、そこでの儀礼はやがて『朱子家礼』を規範におこなわれるようになる。沖縄は、現在の日本国の領域で唯一、儒教の礼がかたちをもって一般に普及していた地域であった。

儒礼なき国＝日本

宋における新思想の台頭を最初に日本に紹介したのは仏僧たちだった。比叡

▼薩摩入り　一六〇九年、薩摩(鹿児島県)の大名であった島津氏が琉球に軍隊を派遣した事件。以後、薩摩藩が中山王の上に立って間接的に政治・経済に介入するようになった。

▼『六諭衍義』　十七世紀に太祖の『六諭』に注解をほどこして刊行された書物。程順則(一六六三〜一七三四)によって琉球に伝わり、薩摩を経由して江戸の将軍徳川吉宗の目にとまった。吉宗は荻生徂徠(おぎゅうそらい)や室鳩巣(むろきゅうそう)らに命じて日本での普及版を作成させた。

山を総本山とする天台教学▲は、その聖地天台山への巡礼をかねて、浙江の地に少なからぬ僧侶を派遣していた。しかし、天台教学自体の中国での創造的活動は頂点を過ぎていた。天台宗の僧であった栄西《えいさい》を先駆けとして、十三世紀には禅が表看板として登場する。中国から渡来する高僧もあいつぎ、京や鎌倉に臨《りん》済《ざい》宗を掲げる寺院が続々と建立される。朱子学はこれら臨済宗の僧侶たちによって日本に紹介された。

だが仏教者がもたらした以上、そこで展開したのは仏教を異端として排斥する朱子学ではなかった。日本で朱子学が仏教から自立するのは江戸時代になってからである。そこでは儒教(朱子学)が神道にすりより、仏教にたいする共同戦線を張るという構図が生まれた。山崎闇斎《やまざきあんさい》▲の崎門《きもん》朱子学・垂加《すいか》神道はその典型であり、黄門様こと徳川光圀《とくがわみつくに》に始まる水戸学《みとがく》もこの特徴を備えている。彼らは朱子学を江戸幕藩体制の体制教学にしようと努力し、その努力は十八世紀末の松平定信《まつだいらさだのぶ》▲による寛政の改革でいちおうの実を結んだが、それと同時に、神道の興隆にともなう天皇権威の上昇ももたらすことになる。

徳川家康は武威をもって王権を樹立したつもりだったろうに、その子孫たち

▼天台教学　天台智顗(五三八～五九七)が確立した教義体系。『法華経』を重視し、華厳教学などと並んで栄えた。日本では最澄が唐から移入した教義に密教・禅などの要素を加味して独自の特色を有するにいたる。

▼山崎闇斎(一六一八～八二)　江戸時代の儒者。京都に私塾を開き、また幕府首脳であった保科正之(ほしなまさゆき)の庇護も受けた。「敬」を「つつしみ」と訓じて重視し、日本を皇国・神国とする神儒一致の教説を確立した。

▼松平定信(一七五八～一八二九)　江戸時代の老中。八代将軍徳川吉宗の孫。朱子学者たちを登用して寛政の改革を主導し、教育の面における儒教倫理浸透に成果をあげた。幕府

は天皇から政権を預かっているとする大政委任論を唱える。

はご丁寧にも、幕府はその職権を天皇からお預りしているという大政委任論をつくりあげた。日本は天照大神《あまてらすおおみかみ》の子孫のものであり、東照大権現もその家来にすぎないというわけだ。君臣の義からいって皇室を尊重しなければならない。実力をもって豊臣氏から奪った権力は、名分をもって天皇に奉還された。

大政委任論とあい補いあうかのように、儒教が社会に浸透するにともなって、それを当時の日本がおかれた文脈になおした場合の変革の思想が力をもってくる。士農工商（これ自体古代中国の擬制）の最上位にある武士たる者は天下国家に責任を負わなければならない、どうやら格物窮理の観点からみて西洋のほうが中国よりも優れている、だが西洋諸国にない儒教精神を再興しなければならない、そのためにも清や朝鮮を目覚めさせる指導者の役割を善意ではたさねばならない、等々。寛政の改革から日清戦争まで、十九世紀の一〇〇年間はこれらの論理が日本を導いた時期であった。政治制度のうえでは明治維新を区切りとはしているが、精神構造はむしろこの時期を一貫して連続している。

ただここで、さきほどベトナムについて指摘したのと同じ状況が日本にもあったことを注意しておきたい。江戸時代の冠婚葬祭は仏教が取り仕切っていた。天皇や将軍には郊祀も宗廟《そうびょう》もなかった。もちろん、江戸時代にはそれなりの秩序の構造があった。とくに近年の日本史研究では従来の社会経済史的階級分析だけでなく、幕府の政治構造や武家儀礼にかんする研究が盛んである。その成果として、精密に組み立てられた身分制秩序の様相が明らかになってきている。しかし、それはある壮大なプランにもとづいた体系性をもった秩序ではなく、先例に先例をかさねて積み上げられてきた歴史的偶然の産物にすぎなかった。中国儒教や西洋国民国家のような明確で自覚された理念をもってはいなかった。

そのことに危機感をもった人物は日本にも多かった。儒者では新井白石《あらいはくせき》や荻生徂徠《おぎゅうそらい》がそうである。彼らは庄屋仕立と呼ばれるほどに単純な幕府の組織を変革し、「制礼作楽」▲してきちんとした理念に立脚した体制を構築しようと試み、自分が仕えた将軍たちに働きかける。しかし、結局その努力はごく一部しか実現せず、かたちをもった礼教社会は日本には生まれなかった。日本のいわゆる封建制度は、制度というに値する確固としたものではなかった。

儒教が制度としてもつ、かたちとしての重みを、幕末の志士たちは感じるこ

▼**制礼作楽**　儀礼を定め音楽を興すこと。つまり、政治秩序を新たに立てなおすこと。儒教が古来聖人の役割として強調してきた事柄で、実際、各王朝の創始者や改革者たちはこの句を拠り所としていた。

●──**湯島聖堂外観**　江戸の湯島には幕府お抱えの儒者林家の学校と孔子を祭る聖堂があった。今は斯文会が管理運営している。

●──**講義**

●──**孔子祭**

とがなかった。吉田松陰《よしだしょういん》は明末の反礼教思想家李贄《りし》▲にあこがれ、変革思想としての『孟子』を講じた。その弟子高杉晋作《たかすぎしんさく》は、プロテスタントの教義を知ったときに「これは陽明学だ」と叫んだ。松陰の師佐久間象山《さくましょうざん》は「西洋の芸術、東洋の道徳」（この「芸術」は科学技術の意味）と説き、その友人横井小楠《よこいしょうなん》は「尭舜《ぎょうしゅん》の政治がアメリカで実現している」とみなし、その弟子井上毅《いのうえこわし》は明治憲法と教育勅語を執筆した。キリスト教徒としてその教育勅語に敬礼せずに教職をおわれた内村鑑三《うちむらかんぞう》は、『代表的日本人』でアメリカ人に向けて陽明学の素晴らしさを伝えた。福沢諭吉《ふくざわゆきち》の「一身独立して一国独立す」も、西洋の発想というよりは朱子学の「修身治国」の換骨奪胎《かんこつだったい》であった。

「文明開化」自体、寛政の改革のあと日本に瀰漫《びまん》していた学習熱に棹さしていたのであり、そうであるからこそ明治初期の日本にまたたく間に浸透していったのである。日本には清や朝鮮が近代化に際して重荷に感じていた礼教秩序から脱却する必要性が、最初からなかったのである。それはどちらに先見の明があったかという次元では語れない、歴史の皮肉であろう。

▼**李贄**（一五二七～一六〇二）　明末の思想家。陽明学の流れを汲むが、三教一致の立場から独特の教説を唱えた。体制派からは危険思想とみなされ、最後は獄中で自殺。清でも評判はよくないが、その書物は密かに流布し日本でもよく読まれていた。

儒教の現在

明治維新の「成功」をみて、中国では三〇年遅れの変革が企てられる。その立案者康有為《こうゆうい》▲は、儒教の創立者が孔子であることをあらためて高らかに宣言する。彼によれば、経書に伝えられる尭舜の事績は孔子が創造した物語であり、孔子はそれによって後世のために模範を示したのである。孔子はこれまでと別の意味で教祖となった。礼教が時間を超越する真理ではなく、歴史的存在である孔子の創作物であったと主張することで、現代の為政者には旧来の制度を根本的に改める権限があるといおうとしていたのである。

だが、そうなればもう孔子の権威に頼る必要すらない。五四新文化運動《ごししんぶんかうんどう》▲では「打倒孔家店《だとうこうかてん》」が叫ばれた。「礼教は人を食らう」というのである。中国共産党は、当初から礼教との闘争を使命としていた。その延長線上に、文化大革命▲中の批林批孔《ひりんひこう》運動がある。現在では共産党内部の権力闘争であったとされる孔子批判は、しかし、かたちとしての礼教の残滓《ざんし》を中国大陸から一掃することに成功した。

文化大革命のあと、むしろ民族主義の拠り所として儒教の再評価が進み、い

▼**康有為**（一八五八〜一九二七）　清の儒者官僚。日清戦争の敗北を重く受け止め、政治制度改革（変法）の必要性を皇帝に上奏。改革が守旧派の抵抗で頓挫すると日本に亡命。晩年は清朝を擁護して共和革命派と対立した。

▼**五四新文化運動**　日本の侵出に反発して一九一九年五月四日に北京で発生した政治運動に、文化革新運動が結びついたもの。

▼**文化大革命**　毛沢東が発動した政治闘争。中途からは盟友だった林彪を追放し、孔子とあわせて彼への批判運動がおこなわれた。

▼**現代新儒家**　五四新文化運動のあと、儒教思想には近代社会において受け継ぐべき側面もあるとして、西洋思想（自由主義やマルクス主義）の隆盛に対抗した流派。孔子や孟子の教説を西洋哲学の枠組みで再解釈する傾向をもつ。

まや中国共産党も孔子を人類の偉大な教師と認定しているほどである。だが、そこでいわれている儒教は、康有為以前の儒教ではない。制度としての礼の裏付けをもった、秩序構想を表現する教説ではなく、西洋思想への対抗馬として、中国の伝統文化を象徴する倫理道徳としての儒教にすぎない。大陸のほか、台湾・香港やシンガポールなどでも一定の信奉者をもつ現代新儒家《げんだいしんじゅか》▲と呼ばれる流派に属する人たちが説いている儒教が、まさしくそれである。そして、歴史の経緯をたどると、それはどうやら幕末から明治にかけての日本における陽明学再発見、吉田松陰・内村鑑三たちに由来するように思われる。

明治時代の日本では、一般にそう思い込まれているのとは反対に、江戸時代以上に儒教倫理が社会に広く浸透していた。その柱が『教育勅語』である。その淵源が明の『六諭』にあることはすでに述べたとおりだが、礼教というかたちをともなっていた中国とは違って、日本の場合には儒教倫理の道徳性・精神性だけが強調された。そのため、『教育勅語』は一見、人類に普遍的な倫理を説いているように読めてしまう。実際、原著者の井上毅は、「これはアメリカでも通用するだろうか？」と、アメリカ通の友人に問い合わせている。

「紀律と選抜」を良しとする近代社会において、『教育勅語』の愛国主義は、たしかにどこの国民国家にとっても有益な内容であった。「中外《ちゅうがい》ニ施《ほどこ》シテ悖《もと》ラズ」と勅語自身がいうとおりなのである。

しかし、そうした近代のあり方自体が、わたしたちにとって好ましいとは限らない。教室での「起立、礼！」という掛け声は、それまで存在しなかった儒教式の礼にかわるものとして、国民国家創設のため、学校教育において新たに創造された礼であった。「御礼」や「失礼」として、わたしたちが日頃気軽に使っている「礼」ということばの裏にある歴史をきちんと踏まえておくことは、今の日本国民にとってじつはとても重要なことなのかもしれない。

参考文献

網野善彦ほか編『岩波講座天皇と王権を考える』全一〇巻　岩波書店　二〇〇二〜二〇〇三年
李泰鎮（六反田豊訳）『朝鮮王朝社会と儒教』法政大学出版局　二〇〇〇年
板野長八『中国古代における人間観の展開』岩波書店　一九七二年
板野長八『儒教成立史の研究』岩波書店　一九九五年
井上徹『中国の宗族と国家の礼制――宗法主義の視点からの分析』研文出版　二〇〇〇年
伊原弘・小島毅編『知識人の諸相――中国宋代を基点として』勉誠出版　二〇〇一年
ゲルハルト・エストライヒ（阪口修平・千葉徳夫・山内進編訳）『近代国家の覚醒――新ストア主義・身分制・ポリツァイ』創文社　一九九三年
ノルベルト・エリアス（赤井慧爾ほか訳）『文明化の過程』全二巻　法政大学出版局　一九七七〜七八年
加藤常賢『礼の起原と其発達』中文館書店　一九四三年
金子修一『古代中国と皇帝祭祀』汲古書院　二〇〇一年
狩野直喜『両漢学術考』筑摩書房　一九六四年
狩野直喜『魏晋学術考』筑摩書房　一九六八年
姜在彦『朝鮮儒教の二千年』朝日新聞社　二〇〇一年
小島毅『中国近世における礼の言説』東京大学出版会　一九九六年

小島毅『宋学の形成と展開』創文社　一九九九年
小島毅『朱子学と陽明学』放送大学教育振興会　二〇〇四年
小南一郎編『中国古代礼制研究』京都大学人文科学研究所　一九九五年
小南一郎編『中国の礼制と礼学』朋友書店　二〇〇一年
齋木哲郎編『礼学関係文献目録』東方書店　一九八五年
齋木哲郎『秦漢儒教の研究』汲古書院　二〇〇四年
戸川芳郎・蜂屋邦夫・溝口雄三『儒教史』山川出版社　一九八七年
中村春作『江戸儒教と近代の「知」』ぺりかん社　二〇〇二年
班固（狩野直禎・西脇常記訳注）『漢書郊祀志』（東洋文庫）平凡社　一九八七年
藤川正数『魏晋時代における喪服礼の研究』敬文社　一九六〇年
藤川正数『漢代における礼学の研究』風間書房　一九六八年
松原正毅編『王権の位相』弘文堂　一九九一年
水林彪・金子修一・渡辺節夫編『王権のコスモロジー』弘文堂　一九九八年
溝口雄三・伊東貴之・村田雄二郎『中国という視座』平凡社　一九九五年
溝口雄三・丸山松幸・池田知久編『中国思想文化事典』東京大学出版会　二〇〇一年
山田勝芳『中国のユートピアと「均の理念」』汲古書院　二〇〇一年
渡辺和靖『明治思想史——儒教的伝統と近代認識論』増補版　ぺりかん社　一九八五年

渡辺信一郎『天空の玉座――中国古代帝国の朝政と儀礼』柏書房　一九九六年
渡辺信一郎『中国古代の王権と天下秩序――日中比較史の視点から』校倉書房　二〇〇三年
渡辺浩『東アジアの王権と思想』東京大学出版会　一九九七年
蔡尚思『中国礼教思想史』香港　中華書局　一九九一年
張壽安『十八世紀礼学考証的思想活力――礼教論争与礼秩重省』台北　中央研究院近代史研究所　二〇〇一年
陳戍国『中国礼制史』全六巻　長沙　湖南教育出版社　一九九一～二〇〇二年

図版出典一覧

Pictorial History of Philosophy, Bram Hall House, 1973	10上
S. Little and S. Eichman, *Taoism and the arts of China,* Arts Institute of Chicago, 2000	15上, 64
『家礼儀節』内閣文庫蔵	67
『訓民正音』	73
『集古像賛』内閣文庫蔵	11左下, 11右下, 28, 48, 63右
『清俗紀聞』内閣文庫蔵	69上, 69下
『考古』総三九四期　中国社会科学院考古研究所　北京　2000.7	46下
『故宮圖像選萃』国立故宮博物院（台北）　1971	10右下, 40, 45, 62
『史記』	15中
『世界の名著10』中央公論社　1966	10左下
程氏『墨苑』	39
『晩笑堂竹荘画伝』内閣文庫蔵	63左
『礼記子本疏義』	43
円覚寺蔵	51下
新発田市立図書館蔵	80
シーピーシー・フォト提供	20, 51中, カバー表裏
斯文会蔵	83上, 83下
静嘉堂文庫蔵	扉
大英博物館蔵	36
鎭國守國神社蔵	81
東京大学史料編纂所蔵	83中
那覇市蔵	78
ハーバード大学蔵	58
平等院蔵	51上
船津洋平氏蔵，高橋敏氏提供	75下
『歴代聖賢半身像』国立故宮博物院（台北）蔵	15下
『歴代帝王図巻』ボストン美術館蔵	11上, 19下, 30
早稲田大学図書館蔵	75上

世界史リブレット68

東《ひがし》アジアの儒教《じゅきょう》と礼《れい》

2004年10月25日　1版1刷発行
2021年3月31日　1版6刷発行

著者：小島《こじま》 毅《つよし》

発行者：野澤武史

装幀者：菊地信義

発行所：株式会社 山川出版社

〒101-0047　東京都千代田区内神田1-13-13
電話　03-3293-8131（営業）8134（編集）
https://www.yamakawa.co.jp/
振替 00120-9-43993

印刷所：明和印刷株式会社

製本所：株式会社 ブロケード

 ISBN978-4-634-34680-2

世界史リブレット　第Ⅰ期［全56巻］

〈すべて既刊〉

1 都市国家の誕生
2 ポリス社会に生きる
3 古代ローマの市民社会
4 マニ教とゾロアスター教
5 ヒンドゥー教とインド社会
6 秦漢帝国へのアプローチ
7 東アジア文化圏の形成
8 中国の都市空間を読む
9 科挙と官僚制
10 西域文書からみた中国史
11 内陸アジア史の展開
12 歴史世界としての東南アジア
13 東アジアの「近世」
14 アフリカ史の意味
15 イスラームのとらえ方
16 イスラームの都市世界
17 イスラームの生活と技術
18 浴場から見たイスラーム文化
19 オスマン帝国の時代
20 中世の異端者たち
21 修道院にみるヨーロッパの心
22 東欧世界の成立
23 中世ヨーロッパの都市世界
24 中世ヨーロッパの農村世界
25 海の道と東西の出会い
26 ラテンアメリカの歴史
27 宗教改革とその時代
28 ルネサンス文化と科学
29 主権国家体制の成立
30 ハプスブルク帝国
31 宮廷文化と民衆文化
32 大陸国家アメリカの展開
33 フランス革命の社会史
34 ジェントルマンと科学
35 国民国家とナショナリズム
36 植物と市民の文化
37 イスラーム世界の危機と改革
38 イギリス支配とインド社会
39 東南アジアの中国人社会
40 帝国主義と世界の一体化
41 変容する近代東アジアの国際秩序
42 アジアのナショナリズム
43 朝鮮の近代
44 日本のアジア侵略
45 バルカンの民族主義
46 世紀末とベル・エポックの文化
47 二つの世界大戦
48 大衆消費社会の登場
49 ナチズムの時代
50 歴史としての核時代
51 現代中国政治を読む
52 中東和平への道
53 世界史のなかのマイノリティ
54 国際体制の展開
55 国際経済体制の再建から多極化へ
56 南北・南南問題

世界史リブレット　第Ⅱ期［全36巻］

〈すべて既刊〉

57 歴史意識の芽生えと歴史記述の始まり
58 ヨーロッパとイスラーム世界
59 スペインのユダヤ人
60 サハラが結ぶ南北交流
61 中国史のなかの諸民族
62 オアシス国家とキャラヴァン交易
63 中国の海商と海賊
64 ヨーロッパからみた太平洋
65 太平天国にみる異文化受容
66 日本人のアジア認識
67 朝鮮からみた華夷思想
68 東アジアの儒教と礼
69 現代イスラーム思想の源流
70 中央アジアのイスラーム
71 インドのヒンドゥーとムスリム
72 東南アジアの建国神話
73 地中海世界の都市と住居
74 啓蒙都市ウィーン
75 ドイツの労働者住宅
76 イスラームの美術工芸
77 バロック美術の成立
78 ファシズムと文化
79 オスマン帝国の近代と海軍
80 ヨーロッパの傭兵
81 近代技術と社会
82 近代医学の光と影
83 東ユーラシアの生態環境史
84 東南アジアの農村社会
85 イスラーム農書の世界
86 インド社会とカースト
87 中国史のなかの家族
88 啓蒙の世紀と文明観
89 女と男と子どもの近代
90 タバコが語る世界史
91 アメリカ史のなかの人種
92 歴史のなかのソ連